发刊词

今天，我们为什么要学陶？
——写在《陶行知学刊》创刊之际

陆建非
（上海师范大学陶行知研究中心主任，本刊编委会主任）

“学陶”“师陶”“研陶”“践陶”等，已经成为一种格式化的缩略语，深深影响着好几代人。其中，“学陶”为先，今天，身处新时代的我们为什么要学陶呢？

首先，在中国现代教育发展史上，陶行知是一座丰碑。若要了解中国那时的教育，绕不开他；若要了解教育如何才能救中国、强中国，那更绕不开他。他是现代史上“教育救国”“教育兴国”的代名词。

历史上，上海的“码头文化”不仅吸引众多文人墨客和名流新秀，也孕育出不少仁人志士和大师巨匠，陶行知就是其中的一位。陶行知有不少头衔，但他首先是一位教育理论家和教育实践家，更准确的定位是毛泽东给的。1946 年 8 月 11 日，延安举行规模宏大的“陶行知先生追悼会”，会场四周布满各界人士敬送的花圈，毛泽东的题词赫然居中，“伟大的人民教育家，陶行知先生千古”。这一盛誉，至今未见中国教育界任何名家超越。

其次，陶行知完整、系统的教育思想和教育业绩是新时代教育事业一笔宝贵遗产。其中，“生活教育”学说是陶行知现代教育思想的核心，反映出中国本土教育家对于教育本质、目的、内涵、功能，以及学校作用、“教”与“学”之间关系等教育原理的哲学层面思考。陶行知对“教育”与“生活”之间关系的描述为：Education in life（在生活中的教育）；Education for life（为了生活的教育）；Education by life（教育与生活相依相伴）；Education to life（从教育到生活）。如此生动贴切的描述迄今无人企及，极具当代教育的实践意义。

陶先生所主张的平民教育、大众教育、社会教育、生活教育的理念和精神已融入到新时代教育实践中。毋庸置疑，当今的全民教育、全面教育、终身教育、国际理解教育等的思想源头可以在陶行知那儿寻得。当今，生活教育学说仍具有拓展空间和学术生命力，且深耕于中国沃土。

第三，陶行知的价值追求和人格力量同样弥足珍贵，为当代学人学子所汲取的精神源泉。

为激励学生和同仁为新中国之新教育不懈奋斗，陶行知在遗言书中提出“五项修养”：“一为博爱而学习，二为独立而学习，三为民主而学习，四为和平而学习，五为科学创造而学习。”言简意赅，跨越时空，既昭示政治站位，也提出专业要求，如民族独立、人民民主、争取和平，这些都是当年中国共产党人奋斗的目标，而博爱和科学创造，正是建设新中国和新教育所必须具备的高尚情操、奋发精神与创新能力。

作为 20 世纪最伟大的中国本土现代教育家，陶先生的人格、风范、精神堪称“万世师表”。他的教育思想、学说、实践充满“人民性”“社会性”“民族性”，始终与国家命运息息相关，与时代脉搏同振共频。如同火种，聚拢一把火，散开满天星，启智润心，激扬斗志，堪称社会进步的“发动机”。

教育是一个持续高温，众说纷纭的话题。检视教育领域，新潮连连而又怪象频频，英雄辈出而又鱼龙混杂。这儿已不是一个纯净、宁静的地方，绿茵不复，百花竞放。教育问题社会化，社会问题怪教育，孰是孰非，值得深刻反思，艰辛探究。5 月 29 日，中共中央政治局就建设教育强国进行第五次集体学习，习近平总书记指出，“建设教育强国，是全面建成社会主义现代化强国的战略先导，是实现高水平科技自立自强的重要支撑，是促进全体人民共同富裕的有效途径，是以中国式现代化全面推进中华民族伟大复兴的基础工程。”衷心期待《陶行知学刊》研究一些真学问，探索一些新问题。坚守教育本色，复位教育功能，遵循教育规律，追寻教育真谛。

陶行知学刊 TAOXINGZHI JOURNAL
季刊　2023年第1辑（总第1辑）

发刊词

特　稿

陶行知研究

本期专题

调查与报告

教育管理

教育改革与发展

陶行知学刊

主管单位
上海市教育委员会

主办单位
上海行知教育促进会

协办单位
上海行知教育研究所
上海师范大学基础教育发展研究院

学术指导单位
上海师范大学陶行知研究中心

地址
上海市宝山区淞发路 538 号 3 楼

邮箱
taoxzxk@163.com

出版日期
2023 年 9 月 25 日

刊名题字由陶行知先生遗墨集合而成，意在承继先生不朽之精神。

‖特　稿‖

陶学三题

姚文忠

编者的话：今年春天，我们开始筹备编辑出版《陶行知学刊》，向姚老作了汇报。他十分支持我们的工作，称“这是陶学界的一件重要而极具意义的事，要认认真真做好”，并同意在创刊号上刊登他写的《陶学三题》。今天，我们以特稿形式发表此文，姚老却离我们而去了。斯人已逝，教诲犹在，我们一定不辜负姚老的期望，认认真真办好《陶行知学刊》，为学陶、研陶、师陶，为中国教育发展发一分光，送一分热！

陶学，即有关陶行知先生的思想学问。对于这个概念，本文将逐渐展开论述。陶学上达教育的本质宗旨，中层是规律原则以及推论推断，下层是具体经验和措施技能。其外接政治经济社会；更外层是今古世界风云中的教育。陶学结实、方圆、厚重、达峰、立脚中国，问世即受关注，至今已近百年；推崇论述者不可胜数，我们计划逐次阅览，再行细读讨教。

先生对于教育的研究论述具有全覆盖、接地气、人民性、容中外、站位高、体系化、通俗晓畅的风格。这些特征是教育著述的楷模和示范。

中外陶友从自己深爱的角度多方研识着先生，其数量可辑集为庞然一馆。我们要努力成为其中一员，试着以一种思想认识线索铺开……

一、本土教育理论

理论联系实际，实践呼唤并孕育理论，理论源于实践而指导实践，没有理论指导的实践是盲目的实践。而事情的关键还在谁来承担这种联系？谁能够承担实践提出的这项任务？就一个民族而言，这个人和这些人始终存在，但是，期待却只能在实践中得到回报。20世纪初，在中国的教育事业里，一位伟大的人民教育家跃出了。先生及其生活教育源自中国本土，兼纳世界先进教育经验，是历经实践检验的教育实学理论，对于我国现代教育有其特殊的重要性。历史和事业自先生投身教育开始就给予了最高赞誉。

1. 陶行知教育理论源于实践

先生的教育观与王阳明、杜威有密切联系。不过，他重视实践、投身实践，这就使其理论构建和发展带有鲜明的实学特色，因而最终显示出本土性和独立性。

《20世纪教育学》指出：“陶行知的生活教育学说不是零散的、个别的实践经验，而是一个由生活教育目的、原理、原则和基本途径构成的完整的教育理论体系。”中国教育著述宏丰，卓越辈出，于世的贡献不仅广大而且深远，不过能够完全享有这种学术褒誉的，也只有先生及其生活教育理论。现在，教育方面的才俊，如若走先生提倡的真教育路径就能够获取一定成功。我们希望看到行知式的教育家、教师和教育工作者成批出现并活跃在强国时代的中国教育沃土上。

人民性是先生教育活动的出发点和立脚点，一切为了民族、国家和教育。在这上面，先生建立起一座巨大的教育实践理论宝塔。“政富教合一”和“生活教育三大原理”是陶行知论述的基本面。先生自己是从实践需要的理论构建上看待工作和研著的。有人质疑，几十年前的教育理论还适应现代？以蓝天、大地、石头桌椅为材料和组件构成的学校还可以推荐给时人？对于这种问题，无需长

作者简介：姚文忠，成都师范学院教授，成都市陶行知研究会会长，曾任成都市人民政府参事、中国陶行知研究会副会长、四川省陶行知研究会常务副会长。

篇大论地回复。因为，认同并学习先生精神思想，学习其人格风采，践行其创业风格，热爱全体学生，激励同仁同道的这种本质特性，已经渗透教育实践，早就大势流播，逐渐成为普遍共识了。

学陶师陶研陶事业是一棵大树，必将秀木成林。我们主张联系其他优秀教育家的思想实践进行研习，只有这样才能对先生的学问体系认识进行理解、拓宽、加深；具有理论水平的陶友，甚至可以把反面的理论拿来对照，以增强辨识力、战斗力。但要注意，有些人指责陶界只说陶行知，天天说陶行知，事事讲陶行知。他们不了解陶界的真正作风。陶界强调：生活教育是千年论题，先生与王阳明、杜威有联系，有区别；先生重视儒学等；先生主张"不管新与旧，只看适不适"。真如先生，才能够认同教育的伟大、神圣和古老，才能掌握教育之为圣学的意义，才可能懂得尊先生为"万世师表"的确切。从学陶起，坚持师法先生，至于通融，才有获取真实坚韧知识观点的基础，再旁及其他，才可以称为有学问。浅尝辄止者乐于指责专注、深究、通融的学风，他们走马观花，甚至跑马观花，可能从来没有品尝扎实而博大的快乐。认真学习与花心学习决然存在风马牛的区分。

实学以毛主席《实践论》《矛盾论》等为指针和基础。先生是实学的典范和代表。先生的人民性、实践性和创造性是其三大特质，这就是本土性。四川大学历史系一位陈姓教授研究先生，对其教育思想的现代性有三方面判定：一是突出人的思想观念的现代性；二是普及教育；三是教育的科学程度，即效益。这一认识，可以采纳和需要进一步丰富。

先生的教育思想理论的现代价值必须联系实际重温运用，没有与时俱进的意愿，不查时世的发展变化，既办不出"真教育"，也办不成"实教育"。唯有真实地办教育和谈教育，才能够体现教育情怀。先生办教育，一主张"真"，"千教万教教人求真，千学万学学做真人"；二主张"实"。其所任校长的安徽公学，在进门屏风上，大字篆书"实"。他反复申明自己的意愿作风，使真教育、实教育光耀后世，沐浴后生。在教育理论上多说少做，奇谈怪论，故作玄虚还有市场地盘时，应该自始至终且不断、不停地强调"一切从实际出发""与时俱进""实践是检验真理的唯一标准"的实学精神和立场。先生是实学代表，"行是知之始，知是行之成"正是这种学术思想的经典表达。一言以蔽之，就是办真实的、为人民所需的教育。正因为这样，从"政富教合一"和"教学做合一"两大主张认识陶行知是一种合适的角度。"教学做合一"是学陶普遍重视的热点，是生活教育三法则的着力处。

2. 政富教合一

教育家之所谓真实，必然专注教育的动静，深爱教育事业，深谙教育情事。什么才是爱教育？就是梦魂牵绕、休戚与共、心心相随。能够把所接触的问题与教育相联系，能够以体现、符合实际的教育理路和办法去解决问题。一旦对这类问题贫于举措时，教育能够联络社会"其他伟大力量"（陶行知），"政富教合一"而达到目的。百折不回地实做，方体现出对教育的真"爱"。先生远涉重洋，出国募集抗战经费。行程两年，在伦敦作首场报告，就是介绍中国教育的历史、现实、问题、信念、希望，洋洋大观，充满自信。在美国，他把募捐与教育密切结合来讲，使美国劳工和民众积极声援中国抗战。专门到墨西哥去，也重点谈教育。国民政府修葺中山陵，先生热情支持，建议在周围兴建六所学校，事实上建成七所。他把自己的饮食分给流浪儿，同时解决了他们的读书困难。事无巨细，处处所见，都是先生对教育和受教育者的执着。"伟大的人民教育家"的称谓于先生是无比贴切和玉砌般坚固的。

有人指陶行知是"教育万能论"者。必须明白，先生坚持实行"政富教合一"的观点，在身旁聚集着各式各样关心教育的人士。其与宋庆龄、冯玉祥的友谊就是一证。先生的政治观是爱国主义和国际主义始终共济，其教育活动始终瞄着中华民族和中国教育事业的需要。是不是可以借用习总书记双循环的理念评价先生？他应邀为印度普及教育出主意，在旅船上，向甘地、泰戈尔提供相当二万余汉字的英文说明，内容主要是中国经验。甘、泰二位极表感谢。先生把两个循环紧紧捆绑在一起。关于这件事的后续影响，是一个研究课题。需要记住，只有做好做精一桩事，才有可能联惠其他，政富教三者的关系即是如此。

人民至上是先生思想的精魂。先生热情推动适合国情的教育方式，并且在教育与政治方面有特别鲜明的立场观点。他之与平民教育区隔，是因为了解自己推崇过的这一理念蜕化了，变质了：课本城市化了，一般平民读不懂；平民学校的学生也由太太、少爷、小姐取代；平民教育打着为全国服务的幌子，当爱国抗战的教育推向敌占区和前线时，却退到大后方。就是这三个原因，先生坚决与其划清界限，申明自己不是平民教育者。

先生积极投身抗战，始终坚持为人民办教育，鲜明昭示教育家以大局为要的教育立场。在教育与政治关系方面，为建立现代中国特色社会主义教育树立起榜样。中国教育界必须坚定道路自信、理论自信、制度自信、文化自信、教育自信。对于中国传统优秀的教育及其文化，对于红区、解放区的教育实践经验、对于70年中国教育的成就，应该要清醒、正确、实证的理解判断，不然自信何来？教育自信是对中国特色社会主义教育的真实反映，是中国教育持续发展的信心和动力所在。

3. 教学做合一

陶行知教育思想和实践，一方面从与经济政治社会的关系上看，就是“政富教合一”，这在当下，仍然具有十分重要的意义。另一方面，关于教育内部的主张和践行，他主张“生活即教育，社会即学校，教学做合一”。“教学做合一”是重要抓手，更具体地说，就是手脑双挥，在劳力上劳心。“做”就是在劳力上劳心。

中国教育的成就，虽然在时下的评论里听到许多另类说法，但是主流和基本面异常明白而胜于雄辩。本文择职业教育来谈体会，中国职业教育是所谓“基建狂魔”的关键性条件。

黄炎培、陶行知最先主张兴办职业教育，名篇《生利主义之职业教育》十分透彻和通达，就是后者的杰作。近些年，推动素质教育遇到一些障碍。有人指出，只有把职业教育这条腿做强迈开，普通教育方面的素质教育才可能取得成功。该命题涉及广泛，对教育体制规划有启示作用。论及职业教育，强调办好职业教育就成为了极富见解的重要课题。

“生利”即“生产”。职业教育的产学研结合，或者产学结合，解决学生实习实验需求，所体现的法则正是教学做合一。基于动手而动脑，学生在校或者入世才能有作为，甚至大有作为。生利主义是实施职业教育的主线，不仅关系校内生活，更关系学生毕业之后，关系他们的未来。读这篇文章，要观照有关师资、设备设施和课程的论述之外的思想。先生在这方面给人以强烈启示和警示的是：职业教育为国家造就人物，“即得一生利人物之用，将见国无游民，民无废才，群需可济，个性可舒”。句后四个短语，把“生利主义之职业教育”的意义彰显得亲切、实在、唯美、确切、入心。育人成事，个性为家国伸张，真实教育跃然笔端纸上。达成这种境界目的的关键是生利，即生产，在于教学做合一的“做”，在于劳力上劳心。劳力是基础，在劳力上劳心，手脑相济，既满足群需，又发展个性，这是教育的至高境界。这境界体现在职业教育上更加具象。党中央曾专门为四育改五育进行研究，使劳动教育回归教育方针，体现“教育与生产劳动相结合”的马克思主义原理。五育不能独缺“劳”。而且“在劳力上劳心”，劳力应该是首发要素，其间包含实现其他四育的目标。

先生引墨子的“三知说”阐述“教学做合一”。课标指出，学生的先前经验是理解教材的前提。进一步申说，以动手奠基，获得了亲知才能够获得可靠的先前经验。以闻知和说知知道了的先前经验不叫亲知，可靠性不足。闻知和说知没有亲知作铺垫，并不可靠。课改中存在基础主义和建构主义两派，同样需以动手所获得的先前经验为基础，或者称为基础的基础。这使课改到今日仍需要再改，以再改针对以前改革所做的不适者，一步一步推进，方能获致真正的教育。近日，有国外同行指中国的基础教育浪费学生大量时间。说法虽刺耳，却引发思考。

先生的教育思想，价值也如这样。他说：“人生两件宝，双手和大脑。”表明劳力的前置性功能不可轻忽。因为进入智慧世界和人工智能，是否还需在教育中强调劳动？解决这种问题，要进一步把劳动的价值重新加以强调，对一些混沌要加以澄清，也还是“教育与劳动生产相结合”的永恒面貌。马克思主义经典作家和陶行知思想在这个方面所作的阐述，有十分广阔、无限长远的意义。如若培植教育定力，真实方法就在其中。

二、师论

教师是实现教育宗旨，落实教育价值思想精神和理念的主力。但陶行知也指出教师队伍亦有二重性，教育需要好教师，不然，会出现歪斜。学界里的概念丛林后遗症严重，其中之一就是把教师问题的基础性和绝对性淹没在这片泥沙俱下、鱼龙混杂语词当中。

之所以出现这种现象，实在是师资队伍中混有极少数非师类，庸类也是一坏，不当的观念做法为这些现象打着掩护。比如“课程是校长领导力的最重要表现”。课程有更高阶的来源，有范畴更深广的条件，有掌控课程的指导原则等，校长的意义在领悟、读解、执行、安排调度；口语称开齐开足开好，不是成天念叨课程就完事，这“三开”都需要教师去实现。

1. 教师的人格和职业特征

先生在组建师资队伍、培养和培训队伍方面，深得要领：精神在先，物质作保；使这支队伍，在困难和顺利之中，能够担当，进退有序，一往无前。

先生关于教师队伍的组建包括三个部分：首先讲教师人格和职业的特征；其次说师范教育；第三讲为在职教师继续教育提供培训。后面两个阶段首尾相连，一以贯之，统称教师教育，主张职前职后一体化。

教师人格和职业的特征是很重要的概念。教师职业的神圣，在我国人民的认知里是悠久的存在。当前，教师的政治地位、社会地位、职业地位进一步得到肯定，而在职业稳定性这个为先生十分关心的话题上，情况更有显著积极变化。教师的人格和职业特征是论述这个问题的出发点。“要发财，就不要当教师。”全世界也有相类似的见地，即“教师是清贫而伟大的事业”。学生的成就可能更加悦眼，他们的收入可能更加丰厚，而其社会和人生价值所获得的赞誉，更会出于教师之上。但是，所谓“天地君亲师”依然是一种参照，虽然已属过往。

社会对教师的德性德行要求近乎苛刻，这就是对教师的尊崇。家长把孩子交给教师，对学校寄予至高至切的期望，人们能够体验和觉察这种感情。教师德智体美劳的涵养水平，透过与学生的亲近和发展程度显示出光彩，其转移在学生身心的影响力，就是教育的性质和能量。同一教材、同一课时，学生所感所获所享所被化育的痕迹，展示着教师的内在和施展。大自学生思想精神的铸就，小自学生一习一技的训练，与教师的引导、示范和启迪的关系杂然而镌刻般地发生和生长着，这就是万里长卷，凌霄长啸。

教育心理学曾经研究和刻画过教师心理，有二维的，三维的，多维的，称教师是落红、人梯、园丁、路石、杂家、经师人师、师傅师父者，各取要旨要津，但是，无一特别中肯。转型社会里的教师偶尔夹杂着的一些弊端更被放大，这对认识教师是一种干扰。其中，比较严重的是工资拖欠。党和人民的“四有”好教师让社会获得一个关于教师的真实、贴心的褒奖，使教师安置于国家、社会的基石上，成为师资队伍建设的路标。

深入论教育，必须论及教师，而论及教师就会想到教师心理的灵境，即“师道无华”四个字。从此展开，能够揭示出教师生涯的另一个哲理形象。在笔者的生计中，所接触的教师在心中留下“执着、热切、挚爱、韧性、机巧、思虑、不舍、磨砺、宏大、细腻、生动、深刻、感恩、感奋、透彻、无我、利他”等印象。这些都是以教育为依归者的独特品行，教师专业化的操作定义就包括它们。

2. 教师的责任

论述教师专业化一定要谈到教育的可靠性，二者有着非常密切的联系。优质教育的重要特征叫可靠，优质学校的重要特征就是深得社会和时间的信赖。教师的工作在完成任务和解决问题中具备成功的把握，能够让所有关系人释放顾虑，能够使预期得到安顿，所谓教师专业化就无可挑剔了。

教师有一个任务：正确处理班级集体的教育与关注个别学生之间的关系。这个话题相比世界宇宙和古往今来，都是一瞬、一点、一丝；人们其中所见只是嫩芽、幼苗、稚气。师道无华不见千军万马，没有山崩地裂；师道无华就是情感，就是技艺，就是思想，就是持之以恒，就是在它们的交织演绎中塑造人生、培育优秀，改变不慎。教育虽然细微，不事声张，但必须整个和一贯，其结果表现为多种风物，一路风景，或者顶天立地，或者小如细胞、善如清水，却与世界相连着，与现代相通着，行走所止，乃是未来，乃是人类的福祉，这就是大了。教育的因小见大，依赖于理解，要引导无知。领导必须懂得教育。只有懂得教育才懂得基石。

教师的付出在一个班，校长的责任在一所学校。如果出现个别难题学生，他们既要使难题学生摆脱不利，又要使全班继续向上向前，不会因为教师去解决个别而被耽误。在这种情况里，教师唯需双倍多倍付出。不确定的付出量是教师工作的特点，对此没有标准化评估可以运用。教师付出的有时间和精力，有爱的痛彻和坚持，有无眠的思虑和反复斟酌试验，有家庭的缺位和情感的遥寄。当然，也充盈着快乐和幸福，决绝地没有放弃。难题学生和全体始终悬在他们心头，系在他们身上！师道就是如此，学生的变化在心底，表面上风平浪静，平凡得没有一点儿声息，所以无华。事实上，风浪里却很可能孕育着一种无边无际，孕育着另一种全盛……教师手心里萌生着伟大的科技、纯美的艺术、无畏的战士、静穆的田间劳动者……老话指“教师手中有爱迪生、富兰克林……”必须为这句话进行补充：学校为全社会培养合格公民，在他们中间产生“大德大智大勇的栋梁先进……”

教师对付和处理难题的基本功在智慧和幽默。幽默是富裕的智慧，面对难题和成就，幽默以对，是教育心性的最高境界。到达到这种境界，要实践，要读书，要面壁，要经历快乐和痛彻。

教育科学教科书经常指示，解决个别问题可以援引一二句名言警句，可以动员学生的力量，可以研究更为有效的方法。其实，教育只能依靠教师们虽然不是炉火纯青，却是心领神会了的操作技艺，依靠那种守望的信念和温润的感情，依靠他们联系孩子及其成长背后的关于家国梦的理解。

成功的教师经常享受“优”“乐”，在事业里的体验，指向事业和学生，作为责任的担当者，惟有创造这样两种情态心性，所以，师道无华也无私。

教育的顶端是一流大家构筑的峰峦，峰峦上记录了师道至少三项内容：高贵的师魂、高尚的师德和高超的师能。教师以思想精神情感为全部生活工作的依托，同时也洋溢着艺术和技巧的熟用。技艺源于学习、操练和践行。

优秀教师都有学习的迷性，他们阅读的乐趣已经传给学生以及部分家长，化为成长的支撑。

教师的劳动始终向前展开，晨钟暮鼓，经年不绝。面对每一个不同的学校、班级、个别，师道静静地温润浇灌，质朴无华，贯穿着请命于天地的宏旨。

3. 学习：教师的本质

先生指出，天才教师罕有，他们都靠培养和学习而出世和成长。教师的素养和才智，是奠基在普通教育上面的，其后才靠教师教育。关于教师教育的业态已经是常识。各国教师，一般先接受职前师范教育，取得做教师的初始资格。所谓资格，需要通过一定手续获得。既成为教师还必须继续学习、实践、反思和提高，即参加培训或者自培。

我国师范教育极其成功，获得国际称颂的是中等师范。以向农向小向基层为宗旨的中师，所培养的学生纯粹、勤勉、亲和力强、技能多面且合用，甚至可以达于精到的地步……中师培养小学教师，为推动我国全民素质奠定基础；不少小学教师更能够胜任初中教职，很能反映中师的水平质量。习近平总书记重视美育，提倡美育。中师学生在艺术教育，也即美育方面的习得，使小学的生活生动活泼，甚至唯美的陶然乐极。这种现象供我们理解习近平总书记的论断特别确切。

师风师德与他们事业的成效和后遗有着特别清楚的联系，因而重视师德师风建设成为经常不绝于耳的话题。回望中师生在入职后的实际情况，有非议者极少，缘何如此？学人论述者多，指录取有口试，其情态、志向在交谈中吐露可感可信。既入学，中师的教育就是素养教育，其体验分量足以成人成事，而且适宜青少年学生感受习得德智体美劳；其知识技能学习，在愉悦里产生，千学万学，学得真人真知。先生主张师范办在学校里，在小学生中生活、见习、实习，养成教师的习性品行，若三级课程开齐开足开好了，其师风师德顺过程而发生，偶有点化的方法加以勾勒强调，没有不成的道理。

教师的事业职业专业，本质上是学习，“教学相长所论者，学习之谓也”。学生和知识是两个变量，不管知识经济是否来临，面对学生而不与时俱进者，如何行得通？

至于教育教学方法，更应该千变万化，因生而异，因时而异，因势而异。先生之拒“沿袭陈法”，主张创造，就因为教有原则而无定法，必须变通，注意创造。与灌输、题海战对立，教学至高境界称点化，点而化之才是真教高效。教师有可能偶尔体验到点化了，而要对生生、时时、处处点化，间或显示点化的要义，使学生感受点化之乐。试问：不需要研习积累如何能够达到这种为师的境界？

谈为师，应有五题，即师魂、师德、师风、师能或师艺、师健。学校学生乃至家长，希望教师富有这样五种资质，学生成长才会顺遂。

三、学论

先生写有一本小说，《古庙敲钟录》，其原型是他自己创办的学校。这样的学校是先生办学的代表作，人们称其为“奇迹”。这个奇迹既体现在学校的整体运作上，更体现在活跃于其中的人，特别是学生身上。这些学生，主要是在国家积贫积弱的年代环境里，处于落难和无助状态中的儿童少年。先生从这些孩子中，尽力“扩招”选出天才加以呵护和教育，一概视他们为天才儿童，称其具有“不可思议”的力量。或者会有人质疑先生所谓天才的标准，而在先生那里，这些儿童少年所受的教育，确实以天才为规划和实行的依据。

1. 晓庄育才的办学特征

勾画晓庄育才，能够使其特征尽显，跃然纸上。没有标准化的校舍和教室，所有的，是茅草房和破庙而已；没有围墙，设施设备也谈不上，石头桌椅为主。“社会即学校”即是先生所创建的没有围墙的学校；学生是捡来的，招来的；学校办出名声了，有送来的，这些被送来的学生，颇能交学费。学校最为可靠者是，具备爱满天下、教育为公精神的校长和教师。所聘请的兼职教师，却是认同和支持先生事业者；他们是学问大家、爱心名人、社会名流、公益人士……教师彼此称为艺友。艺友也包括小先生。办学的宗旨、规划和计划，是先生拟制的，与国民政府的规定相去甚远，甚至存在严重区隔。课程包括“生活即教育”及语数外博物四门基础。教育教学内容和方法，用“教学做合一”五个字能够概括净尽。现在所谓综合社会实践活动，在先生的学校却是力量遒劲，光彩夺目，一派生机……拿先生所办两所学校与现在的相比，既会有人心生震撼和敬意，亦会有人打倒五味瓶，晃动头颅。

在建设和迈向教育强国时，已经有很多学校成为备强起点。为了借鉴，联系先生办学的思想和做法，可以形成供参阅的思路。

不想把学校办好的人只是极少数，多数人不甚理解怎样才能够办好学校，需要探讨。目下有一个课题，许多人在议论，即“如何办好家门口的学校？”两个课题相类似，后者更加有指向。问题内容包含讨论的对象及有关撑持，十分丰盛丰饶。学校品质就在每一个要素、每一件事、每一种现象当中。他们的质量、效益、水平和影响力，都不是固定不变的，能够与时俱进者，日新月异，蒸蒸日上；反之，固步自封，则可能落伍，虽然学校尚在，但生息变弱，遑论品质高下。

《成都掌故》载了一首30年代的歌谣，末句歌道“……树德好学生”。成都四中、七中、九中等中学以及小学，历经千年百年仍然有领航的实力和声誉，依靠着优异品质。有的学校，名声很响，却渐渐中落，现在还待恢复往昔的盛景。学校品质处在变化中，需要间隔一段时间进行督导评价，不然会现出状况，这就是研究的必要性。“去与取，只问适不适，不问新和旧”，表现的正是这种判断。

成都教育管理者表示：“硬件基本成型，现在转为抓软件。”软件包括校品人品，中央文件强调四个方面：校训、校史、校风、校歌，目标集中在培养什么人，如何培养和为谁培养；核心是立德树人，铸魂育人。评价学校的品质，刻画品质学校，这是一条清晰的线索思路。学校各自领会核心和目标，用自己的话语表达，反映实情个性，承续历史，对准发展的需要和需求，以为贯彻的遵循。近几年，学校都在拟定理念表达，使人容易分析学校。对于无法亲临学校的评论者，可以从这些文字里认识学校，若要设计弘扬优质学校，这也是一种途径。这种方法，自有缺陷，陷在“秀才不出门，能知天下事”的不可能当中。时间所确认者必定是学校品质的硬核，所以校史意义不凡。认识学校品质，一般从两个方面着力：思辨性的和实证性的。校史既用于思辨，也用来实证。

2. 关于学校的思想精神

思想和精神不宜分开，他们是共生的，大致有活力、气象和坚韧性。一所学校，公认为优质，接受评估，却极其受伤。对于这所学校的教职员工，仅坚韧还不够，冷静、明查、自信和百战不殆更要紧。学校的过往和现在，其经历、格局、高度、厚重、能量、蕴蓄、绵时、气韵、气质、回声等，是品质的基本范畴。成都树德中学有八度治校之说，久处就能感受。学校气场能够体验，高下和感染透入肌肤心底，文化品行和染镀功夫自是显然，但言说却不易。学校品质有特殊性，不亲临其间，只能泛论瞎说。

读解学校及其品质，要得门径，可以从校训及有关元素解读入手，再及校史校风，而校歌是其诗性传达。这四则是关于学校精神文化阐述的一般性安排。

校训等四则，表述简洁而内容广阔且意义深厚，四者经过反复提炼达于言简意赅，激荡联想。其中，必须反映出学校人的思想精神，突出办学主张，用以归置于练达而可以起指引的作用。评价学校文野，校训内涵及其实际效用当放在提领处。没有蕴含，蕴含浅近，不能算作校训。对学校人而言，能够动员他们，激励他们，形成步点步伐和队形，在观察者心目中构成印象，呼出叫好声量，就是好校训。这也是品质学校的原点。

“为人民服务”和“实事求是”两条名训既有引导性，又有鉴别性，溢香已近百年，驰名中外。成都树德中学以“树德树人，广能广才（卓育英才）”为校训，清流经年，朗朗上口，好识好记好理解。通过宣教管理训练，师生员工人人熟知谨循，久久为功，树德渐续至于“五育同尊”“德能兼善”，根基厚重。

习近平总书记要求：“鼓励学校办出特色，鼓励教师教出风格。”教育的特色和风格不单是教技教艺，决然属于学校人的精神世界，思想倾向和品质。思想之于学校品质必是正方向正能量；精神具备着势在必行、欲罢不能的意志状态，二者于校园中流淌并显露着自为旺盛充盈积极的特性。学校人的精神世界和形容举止是校训引领和行动能量的直接表现，既能够直观，更能够使人反复品味。成都七中学生有言：“学习是责任，无需他人督促。”传递出学生精神。

校训落地是能够感受的。师生行正礼端，家国有事，德人必能为天地立心；学习当头，责任在肩，文彦必能致良知而笃绝学；队伍行进，品德旗帜高扬，能力显效于真事之上，无往不胜。校训语简，却能够提调校规校矩，刻画校容校貌。用校训的语义对照学校人的举手投脚，即品质品行，当能一目了然。若要力断学校品质，铺开其过往今来，指点其大事小节，人之心悦诚服，当然而然。

评论品质学校的要领在于熟知校训，读解精准，掌握实际，联系悠长。几位教育行家到一所名不见经传的学校，一天内细观几趟，决定第二天再看。末了，他们提炼了两句准校训向市里举荐，一年之后，这所学校，名声大振，成为后来名校的渊薮。学校的品质镌刻在校园处处，品读触摸，就是良校。这种情况无须惊诧：闻听孩子所在学校的名声，家长却少谈校训。有一个原因是，他们担心过多的传扬，引来参观采访要打乱平静。“杞人忧天”了。

没有校训的学校，距离品质还有一截路程。因为，校训千锤百炼，用意在凝聚，在伸展，在开发，在出新，在涵养，在育人。用意如此，学生在校三年乃至更长时间，校训教育可以强壮其心，染镀其形。研究确立校训，在提炼学校人的思想精神，是学校软件建设的关键。近年来，成都七中校训聚焦为“审是迁善，模范群伦”，进一步概括了该校的特质，聚合了学校人的心性。从学生方面观察七中，他们读书学习，追踪科技，观阅社会，参与生活；自觉自为，力求最好，不负韶华，决胜青春。美国人出版过一本书，称卓越学校就是师生互动了。成都七中固然师生互动，还要与社会交互。审大社会，求大真理，至于群伦境界，模范生命。

梅贻琦说，大学不在大楼而在大师。显而易见，大师的品行学问既在绝学，亦在理学、心学。师生同理，“千教万教，教人求真。千学万学，学做真人”，才是真教真学，立为学校根本。品质学校即人的品质，其撑持是四好老师，校长的意义在代表校训，阐发校训，使校训荡漾于校园，浸润于校园。

3. 学校的实做实为

学校的教育力来自何处？所谓教育力具备着外化的表征。对于中小学，口碑是其生命品质的铁证，是荣誉和关注，更是观察评论的结果。俗世以升学率、奖杯奖牌夸学校；关注深层教育的人士，则将学校的思想与实做实为放在一起评价她。而校训、校史、校风及其实况是关键和要点。陶行知说，学校的一切要放在阳光下，人们就能够看到其实做实为，而且受到社会社区的检验。

学校的言行举止动静表现于外，这种特点使学校人必须自律。他律而自律促使学校的社会观感合于社会主流规范，形成口碑，是学校社会化的条件之一。陶行知“主张学校要给人看”，根据在兹。学校优秀品质的直观性不能忽视，能够在一瞥之间让人窥出其品质表现是办学躲不过的命题，品质学校尤其这样。学校想办好，追求均衡，必须敢于亮相。

品质学校一般优秀，特色靓丽，二者都能够直观呈现。特色建立在一般品质之上，在均衡性中凸显；特色来自学校自身的“天赋”和喜好，是长期培植所获至的品质要件。经常听说一种观点，学校事情那么多，顾头不顾尾，不容易均衡提升。这种观点妨碍着学校的高端建设，值得商榷。

学校品质与校史关系至密。校史靠看，靠读，靠听，靠调查研究比对；校风若指教、育与学的境界，应该深入分析。学校的直观有校风一面，看不见的校风在看得见的校风身后。一瞥之间的直观，精雕细察的考察，较长时间的跟踪都是直观的手段。学校的风气就是校风，用风气分析研判学校，容易窄化其含义，必然要取自校风而更加周全。学校的品质颜值表现在所有方面：大处、小处、细枝末节；显处、暗处、面值和深沉以及言外之意；环节和过程，侧面和整体；吐露的心声和欲言又止的羞涩……

“诗言志，歌咏言。”演唱校歌以及其他曲目是学校的一种景观。校歌的词曲是一方面，学校大型集会的合唱齐唱更能够传递精神情感。想要观察和判明学校，不能不在这些直观条件中抓到着眼点。成都八中百人男生（声）合唱，震撼力强，欣赏性高，写真了学校的性格和能量。若进入其训练和排练过程，结论更会有亮色。

4. 学校的品质

关于普通中小学的管理和诊断，参考书会开列上百条直观其品质的方式和途径，这是必要的，不能认为繁琐。而研究则可抓住纲领，纲举目张。论学校的具体品质，就纲而言，按要旨罗列如下：

（1）学生品质，其形象和内蕴可察，应置诸首位；要义是“好好学习，天天向上”。苏霍姆林斯基对腋下夹书，随时静读的学生看好。不仅会读书，更会用书的学生，最为陶行知称道。德智体美劳需要学习，所以，学生应该从此出发。学习是责任，慧根就蕴藏其间。

（2）教师的品质也在形象和内蕴里，是学校的撑持。“学高为师，身正为范。”树荫下，教师身旁，二三学生手捧作业本与他谈开，成为校园最佳特写。在品质学校，师魂缭绕。老师与学生相依相学，相伴成长。“师”和“范”依归于健旺的生命。

（3）课堂教学的品质在学生专注和紧张度。课开齐开足了，不能以开卷有益忽悠大众，重要还是开好。老师在讲台上，台下十几支手臂高举，抢答的学生被同学目不转睛、全神贯注地感受着……课堂的集体氛围是学习原动力的关键，教学是学校的中心，好课堂是好学校的精髓。

（4）课外活动的品质，佳处在学生创造。创造是教育的存在方式。中学生内力能否得到充分释放调遣靠创造的诱动，使他们生动活泼主动，创品的种类多，主意蓬发，青春绚丽，吸引观众。这种氛围为学校保留，得到后续发展，是校园的赞歌。

（5）节假日的品质。学校生活节奏由节假日划出强弱轻重。校园节假日，应内容形式切题长盛，因时应事，为相关者热爱。这是学校盛事。于是，人生的增益性和调剂性等需要，不仅有满足感，更生出意外之喜，其品质就升格为充实愉悦。

（6）科技信息品质。“科学下嫁”，培养科技建设的苗子在中小学应是当然的基本任务。要使学生在科技学习中发现问题，解决问题；手脑并用，锻炼思维和实践才智；在做事里学做人，从而育成具备发展前景、有科技素养、科艺双馨、德才兼能的苗子。

（7）办学思想和管理品质。学校要不忘初心、牢记使命，以党建为主轴，依靠政群和全体，全面贯彻教育方针；学校生活力行民主与集中的统一，自由与纪律的统一，协力同心，使学校精益求精，好上加好。这是铸就正气、浩气校风的根本保证。课程是学校的总体形态，校长应精心于此；大数据的能量使学校必须将其纳入课程规制，蓬兴运用。能否在一般运用时，开发学校特殊的最小数据集，是观察学校科技信息位阶的要点抓手。

（8）学术的品质。科技是第一生产力。学校应具学术雏形。学术品质讲理性理智，讲兴科技为己任。学校人要有学术兴味和气度，储备创造创新创业的本领；海纳百川，慎独操守，学而不厌，矢志不渝。

（9）学生社会化的品质。学习是社会化过程，是学生化入命运共同体的征程。中小学生兼有好孩子、好学生、好公民的素质，这是社会主义事业的建设者和接班人的雏形。学习时要融入社会，在交往中学做生活主人。

（10）学校联系家长的品质。家校协同，学校与家庭对于学生的发展要各尽特职，相互为用，不去替代。两方面协力同心，能够校正培养方向，补充不足。在此间，学校作为教育专业者应担负更大的建言责任。

（11）学校环境和景观品质。学校硬件是师生生活的物质基础和条件，应尽力达到安全、卫生、秩序、美观、简洁、方便的标准。硬中见软，如硬件富含评论和创造的机会，就能够激发学生志向心性，启智增能。

（12）利用校史的品质。校史是学校的精神财富，其发掘、组织和利用，是学校思想精神建设不可轻忽的方面。师生积极参与，发掘、制作、陈列、解说校史，在移步史实中，胸生波涛，领悟责任，能收获感受黄钟大鼓之效。

所举12项是学校品质的要津实线，即所谓和珠金线。其他的要素不少，有人列出149项，也还没有讲完。比如学生抗疫宅家，该怎样安排，恐怕少有研究。在校长培训班交流，多数有年资者或爱动脑的年轻人，穿透下去，颇有心得。他们认为，极致其一，就会成就特色。学校往还，新生无穷，只能因时而作，造就一段精品史料；如欲一口气地工笔完成学校可以过古的设计建设，恐属奢求。真欲一筑千古，学校就不学校了。以前说教师“伟大而平凡”，不得要领。教师实在是最古老、最神圣、最伟大的职业之一。这三个特征，是其生命长度和丰度以及变动的写照，说辞必能延续，结尾没有止境。这些老师就是大师、上师。

整合地思考学校直观，可以用学校文化品位这种概念。在学校，文化与教育，“你中有我，我中有你”，互为因果。以教育的需求和特质要求学校文化建设，以文化建设的眼光和技艺培植学校品质，两者结合，相生相成，往复强化，是构成学校提升、发展、极致化的通道。需要牢牢把握住的是教育的目的、路线和本质，即新时期中国特色社会主义教育的根本要求，偏离这个要求，必生办学乱象。学校的领导工作要使之具体化成学校人的理解，同时也能够为他人所理解；努力使学校基于这种绝不能晃动的要旨要义，更使学校闪耀着中华文明的异彩，融灌中华文化的血性，成就具备深沉国魂的师生。

理解学校是直观学校的前提。列宁指出，只有理解了的才能够更好地观察。师范生学习《心理学》，对这句话应该无人不知，无人不晓。所以，评价学校品质，为学校的品质下断语，没有正确的、比较透彻的理解就达不到应有的效果。近来时评学校和教育，令一些人感到困惑，原因就在理解的差异和偏颇。之所以要“教育自信”，之所以要求教育人以定力机敏面对，因为教育有先导性。先导的教育要值守党的教育方针路线，学懂习近平新时代中国特色社会主义思想，学懂其间的教育思想。成都市几所学校，在社会误评或者差评的当口，提出“气定神闲和志存高远”，使教师心中一亮，“教育自信”的要求瞬间找到支撑。欲弄懂素养教育的精神实质，并理解普通教育的深意、远景、学生的特质和需要，如果没有学习和经验的基础，决然缺乏可能。

思想决定方向，精神铸就状态。评价学校这是两条主线。这样两种要求是不是得到贯彻落实，就要进行考察。领导管理学校，要以大御小；观察评论学校要以小见大。在一所学校待上几个小时，能不能就学生的德智体美劳做整体、系统而生动的发言，可以试一试。只凭看到的文字材料，所做的评价砝语又将如何？

人到学校现场能否看出教育和办学的精妙处，提出发人深省的疑问，确认其品质，是一种饶有趣味的现象。一个轻松的故事可能表白类似情形。有专家于初冬到某大型学校，看40分钟大课间，不少学生已经微汗。规定活动15分钟结束，队伍解散，专家也徐趋会议室。操场还有70%学生自动加时活动腰身，跳花绳、下蹲跳、跳马、练起跑；也有学生争议课本……直到上课预备铃响。专家边走边评：大课间运动量不足。这让学校德育主任傻眼了……沿路，人们无语，本文也无需继续下去。

对话，心灵的碰撞

——读朱永新的《生活与教育》

潘清河

摘　要：朱永新先生对陶行知教育思想的研究由来已久，而且十分透彻。他以“对话”的形式，诠释和解读陶行知生活教育理念的核心内涵，阐明陶行知生活教育思想对当今教育发展的理论价值和指导意义，为当前教育改革的推进提供借鉴。朱永新与陶行知的160多条“对话”，让读者受益匪浅。每一条对话，都能够让人感悟到教育的真谛，学到正确教育孩子的方式方法，同时也引领广大教育工作者更深刻地认识教育的初心与使命。

关键词：生活与教育；陶行知；教育理论

《生活与教育》，是中国陶行知研究会会长、当代著名教育名家朱永新编著的一部教育文集，由商务印书馆出版。

朱永新以“对话”为形式，诠释了陶行知生活教育理念的核心内涵，向读者解读了陶行知生活教育理念酝酿于他所从事的新教育和平民教育运动的过程中，又在长期的革命实践和教育实践中不断得到发展。同时，他还深刻地阐明了陶行知生活教育对当今的教育具有一定的理论价值和指导意义，为我们当前的教育改革带来深远影响，颇具借鉴作用。

毋庸置疑，“生活教育”是陶行知教育思想体系中最重要的核心部分，最能体现陶行知教育思想的精髓。朱永新在《生活与教育》一书里，攫取了陶行知文集中最为精华的部分语段，并分为八个章节来论述。主要围绕教育、学校、教师、父母、孩子等热点话题逐一书写、逐条解读，每一个章节还有“导语”的概述。作者通过深入浅出的阐述，让陶行知的教育思想在其笔端显得通俗易懂，更接地气。“他以独特而深刻的理解，生动而通俗的阐释，将陶行知教育思想的光辉，又一次展示在众人面前。……让我们不禁感叹，百年前教育伟人的思想并不过时，依然在对当下并且还将继续对未来中国乃至世界的教育变革发挥巨大的作用与影响。”（周洪宇语）

朱永新“对话”陶行知，这里的“对话”是一种思想的交流、情感的碰撞，是一种跨越时空障碍而展开的互动与沟通，并产生心灵的共鸣。周洪宇教授在本书的《序言》中写道：“对话，让人们以一种自由放松的心态，打开思想的闸门，打破了条条框框的限制与约束，引发了思想火花，强烈碰撞，形成了深刻的思想智慧，传承了优秀文化。”

朱永新“对话”陶行知，其实是对陶行知教育思想理论的诠释，使陶行知的教育思想历久而弥新，虽然已经过去了一百多年，依旧充满着教育的生命力。朱永新从《陶行知文集》中精选出160多条的教育理论，进行透彻而有见地的评注，通过自己的独特感悟与深刻体悟，加以引导和解释，让我们对陶行知的教育思想有了更进一步的认知，从而更全面、更深层次地了解陶行知教育思想理论体系，有助于我们在教育教学过程中多了一些理论的支撑。

朱永新出版《生活与教育》一书，源于两个重要的原因。其一，是朱永新心中的“新教育”情结。因为陶行知先生早年也曾经把他发起的“生活教育”运动命名为“新教育”，这与作者长期来一直提倡和推行的“新教育”理念相吻合。陶行知先生曾发表一篇题为《新教育》的著名演讲文章，还亲自担任起《新教育》杂志的主编，可以说，陶行知先生是“新教育”运动的创始人与领路人。其二，是朱永新受到陶行知先生人格魅力的感召，对其崇敬与景仰。因为陶行知先生不仅是一位富有理想和激情的教育理论家，还是一位富有创造性的行动家。

作者简介：潘清河，福建省厦门三中高级教师，福建省陶行知研究会副秘书长。

陶行知说："教育者不是造神，不是造石像，不是造爱人。他们所要创造的是真善美的活人。真善美的活人是我们的神，是我们的石像，是我们的爱人。"朱永新认为："教育是一个培养人的活动。但是，教育培养的人，不是远离社会活动、不食人间烟火的'神'，也不是没有感情、让人顶礼膜拜的'石像'，更不是我们的'爱人'。教育，要创造的是具有真善美品格的'活人'。"朱永新的进一步解读，让我们更加读懂陶行知教育思想的深层含义，懂得教育的本质是什么，也读懂了教育就是我们所倡导的"真善美"。

陶行知说："过什么生活，便是受什么教育。"众所周知，"生活教育"是陶行知教育思想的精髓，生活与教育是相辅相成、融为一体的，脱离生活的教育，无法造就德智体美劳全面发展的学生。朱永新高度赞赏陶行知提出"生活就是教育"的主张，强调通过生活进行实实在在的教育。

陶行知说："爱的教育容易捧，容易哄。溺爱是有害的，把小孩子拉住使他们不能向前跑。小孩子所需要的不是爱而是了解。"朱永新始终认为"教育离不开爱"，但他又觉得教育仅仅有爱是不够的。他呼吁广大家长们："孩子真正需要的，是建立在了解基础上的爱，需要理性与感性并重的爱，那才是真正的爱、智慧的爱。"

陶行知说："我们提倡科学，就是要提倡玩把戏，提倡玩科学的把戏。科学的小孩子是从玩科学的把戏中产生出来的。"陶行知曾一再强调："中国的父亲，都学做富兰克林的父亲；中国的母亲，都学做爱迪生的母亲。"朱永新也认为："要造就科学的孩子，就要有科学的父母。"要"凭借自己的小孩子去玩把戏，或许在其中可以走出一个富兰克林或爱迪生来"。

《生活与教育》中，朱永新与陶行知的160多条"对话"，着实让我们深受启发、受益匪浅。从每一条的对话中，我们都能够找到教育的真谛，学到正确教育孩子的方式方法。也让广大教育工作者更深刻地认识到教育的初心与使命，从而更好地投身于教书育人之中，真正做到像习近平总书记所期待的那样，做一个"有理想信念、有道德情操、有扎实学识、有仁爱之心"的好老师。

多年来，朱永新借助"对话"的形式，编撰和出版了与中外教育家对话的系列丛书。除了此书外，还有《朱永新对话叶圣陶》《朱永新对话蒙台梭利》《朱永新对话杜威》《朱永新对话苏霍姆林斯基》《朱永新对话麦克法兰》等。显而易见，朱永新在教育领域中成绩斐然，成果丰硕。他所倡导和推崇的"新教育"，已在他的研究成果和著书立说中逐渐得到拓展和升华，并且达到一个新的理论高度和新的思想境界。

有人说："经验丰富的人读书用两只眼睛，一只眼睛看到纸面上的话，另一眼睛看到纸的背面。"我想，朱永新何止是用两只眼睛，他还用心灵去感悟，去对话，去碰撞，形成自己对教育的独特见解："好的教育，应该让所有人都成为更好的自己。""教育应该是幸福完整的生活。""以优质教育创造美好生活。""家庭教育的本质是生活教育不是传授知识。""教育如何应对中国式现代化的本质要求。""让教育沐浴人性的光辉。""我是行动的理想主义者——对于中国教育而言，最需要的是行动与建设。"

陶行知的教育思想，虽然走过了百年的时光，却依然熠熠生辉，闪烁着智慧的光芒。一百年前陶行知先生提出"生活即教育"，解放孩子的头脑，让他们慢慢去想；解放孩子的眼睛，让他们慢慢去看；解放孩子的双手，让孩子慢慢去干；解放孩子的嘴巴，让他们能谈；解放孩子的空间，让他们去接触大自然；解放孩子的时间，让他们学自己渴望学的东西。可令人感到有些遗憾的是，陶行知所强调的这些做法，今天有不少学校、家长还是没有落到实处，或者说没有引起重视。朱永新说："中国教育有弊端，但怒目金刚式的斥责和鞭挞，虽痛快却无济于事。对于中国教育而言，最需要的是行动与建设，只有行动与建设，才是真正深刻而富有颠覆性的批判与重构。"要让教育走出困境，确实任重而道远。

读了朱永新的《生活与教育》，再次燃起我对教育的热忱，或许是教育情怀使然，使我在退休之年对教育的关注并不亚于任职期间的热衷。借助朱永新的解读，我更加读懂陶行知，读懂陶行知的教育思想，读懂当今教育的现状以及多少人为之而努力的场景。我相信中国教育的明天将会越来越美好，就像朱永新所说的那样"创造幸福完整的教育生活"。

中国式教育现代化的精神启蒙

——陶行知先生教育现代化思想的时代意蕴及启示

岳　龙

摘　要：陶行知先生在探索中国教育现代化的过程中，在道路选择上，强调中国的教育现代化要全面推进“中国式改造”；在目的理想上，强调中国的教育现代化要服务于全体人民幸福美好的生活追求；在内容方法上，强调中国的教育现代化要充分激发民众创造的“自动精神”。他在探索中国教育现代化路径时所留下的宝贵思想资源和实践经验，在当今推进中国式教育现代化的时代背景下，依然值得我们高度重视和认真审视。

关键词：陶行知；教育现代化；精神启蒙；时代意蕴

党的二十大报告指出，中国式现代化是中国共产党领导的社会主义现代化，既有各国现代化的共同特征，更有基于自己国情的中国特色。中国式教育现代化作为中国式现代化的重要组成部分，既是对中国教育传统文化和近代以来中国教育现代化道路探索经验思考的守正创新，也是对百年中国教育现代化实践历程的思想深化和全面总结。陶行知先生以其强烈的爱国之心、深刻的历史洞见、中西兼通的理论基础、勇于开拓的精神追求和平民主义的实践品格，对中国教育现代化的道路和内涵进行了深入思考，并在其教育实践中进行了多方面的艰苦探索，为中国式教育现代化道路留下了宝贵的思想资源和实践启示，时至今天依然值得我们去高度重视和认真审视。

一、中国教育现代化要推动现代教育进行全面的“中国式”改造

作为新时代塑造教育新文明形态的一种探索与努力，中国式教育现代化是植根中华优秀传统文化，结合自身国情和实践，在博采东西方教育各家之长基础上，根据中国式现代化目标而进行的既顺应世界教育发展潮流又符合中国具体国情的一种教育现代化新路的创造。因而虽有世界各国教育现代化的共同特征，但更重要的是要形成基于自己国情实际的中国特色。因此，中国式教育现代化的道路，是在鲜明中国特色基础之上的教育历史逻辑、教育理论逻辑和教育实践逻辑的有机统一。当年，在中国教育现代化的道路问题上，陶行知先生就已经清醒地意识到：中国的教育现代化道路应该是符合中国实际的教育现代化，是具有鲜明中国特色的教育现代化，所以他明确指出：“一个国家的教育，无论在制度上、内容上、方法上不应当靠着稗贩和因袭，而应该准照那国家的需要和精神，去谋适合、谋创造。”[1]

在陶行知先生看来，具有鲜明中国特色的教育现代化，其目的就是通过教育进步来推动中国社会和中华民族的现代化、中国人真实生活的现代化和作为现代中国人个体终身现代化的有机结合，因此他强调：“第一要使整个民族现代化”，“第二要使整个生活现代化”，“第三要使整个寿命现代化”。[2]可见，在陶行知先生的心目中，中国教育现代化的本质，实质上就是要通过教育的现代化来对中国社会和个人生活进行全面改造。他希望通过教育的现代化将民族振兴、社会发展、生活改善和人的全面、全人生发展有机融为一体，从而以中国人真实生活世界为载体来推动中国全社会、全人生、全方位的现代化。

这样的教育现代化，是一种对中国传统教育的创造性继承，也是对西方教育现代化的创新性转化，因而是一种立足中国现代社会发展需要的创造性的教育现代化。所以，中国的教育现代化就必须反对“沿袭陈法”和“仪型他国”。在陶行知先生看来，由于中国传统教育实行的是“‘满朝朱紫

作者简介：岳龙，上海海关学院副校长，副教授，博士。

贵，尽是读书人'的升官教育、'为教书而教书，为读书而读书'的超然教育"，这样的教育完全脱离了中国人真实的生活世界，与进入现代化的中国现实社会格格不入。因而，如果站在现代化的角度来看，中国传统教育实质上实行的都是"伪知识"教育，所培养的人自然都是"废人"。[3]同样地，自近代以来我们因为救亡图存需要而一直引进、模仿的西方教育，也无法真正解决中国的教育现代化问题，这已经为中国的教育实践所证明："我国兴学以来，最初仿效泰西，继而学日本，民国四年取法德国，近年特生美国热，都非健全的趋向。学来学去，总是三不象。"[4]因为中国的教育现代化必须从中国自己的社会现实需要出发去解决中国自己的问题。不顾具体国情盲目照搬照抄西方的教育现代化成果，只会让中国的教育现代化之路变得无所适从，"我们中国的教育，倘若忽而学日本，忽而学德国，忽而学法国、美国，那是终究是无所适从"。[5]

作为一名学贯中西的教育大家，陶行知先生在批评传统教育和西方教育的同时，也深刻意识到中国教育现代化的"中国性"应该是一种站在世界各国教育文明前列的综合性创造，因而中国教育现代化必须推动中国教育进行全面的"中国式"改造。为此，他对中外的教育经验教训既主张吸收，但又要求"必须用选择的态度来接受"。[6]在他看来，中国教育现代化必须反对传统教育，但"反传统教育也不是反对固有的优点"，"对于中国固有之美德，是竭诚的拥护"。[7]而对待西方的文化教育，我们必须站在自己真实生活世界真实需求的基础上，以自己的生活为中心来进行抉择。因此，走向现代化的中国教育必须向全球开放，积极去拥抱现代文明。只有教育中国人"拿着现代文明的钥匙"，"继续不断地去开发现代文明的宝库"，才能使中国"保证川流不息地现代化"。[8]

可见，在陶行知先生心中，中国教育现代化的本质，是在立足中国实际的基础上，根据世界教育发展的趋势，全面推动中国教育与世界先进合理的现代性教育元素之间进行交融、转化和发展，从而最终创造出符合时代发展要求的、独具特色的中国教育体系，进而在思想和实践方面全面完成对中国传统教育和西方主导的教育现代化模式的批判性超越，创造出一种居于世界先进文明形态的"中国式"现代化教育，为人类教育发展提供新的形态与参考。这样一种教育道路的思考，既反映了陶行知先生在当时国情下对通过教育现代化变革推动中国全面振兴、走向富强的一种强烈渴望，也反映出他对当时依附西方主导的教育现代化、将传统与现代化割裂等教育现代化价值取向与思想的一种历史清醒与坚决批判。陶行知先生这种对中国教育现代化本质的深刻认识以及对中国教育现代化道路的思考，对我们今天进行中国式教育现代化依然具有重要的启示和借鉴意义。

二、中国教育现代化要服务全体人民幸福美好生活的理想追求

中国式现代化是人口规模巨大的现代化，这意味着中国式教育现代化本质上是一种服务全体中国人民的教育现代化。因此，坚持"人民至上""以人民为中心"是中国式教育现代化的价值核心与必然要求。党的十九大报告强调，中国特色社会主义进入新时代，我国社会主要矛盾已经转化为人民日益增长的美好生活需要和不平衡不充分的发展之间的矛盾。由此可见，中国式教育现代化的根本目的就是要充分满足人民日益增长的美好生活的需要。这也就意味着中国式教育现代化就是要让全体人民在享有更好更公平教育的基础上，努力让每个中国人都能够有人生出彩的机会，最终让全体中国人民过上富裕和幸福美好的生活。简言之，这就意味着中国式的教育现代化，就是让中国人过上幸福美好生活的教育现代化。因而，中国式现代化的教育就是现代中国人的生活教育。

陶行知先生早就指出，在中国教育现代化过程中，教育本身就是生活的重要组成部分，"教育是生活所原有，生活所自营"，真正的教育就是真实的生活，"是生活就是教育，不是生活的就不是教育"；"是好生活就是好教育，是坏生活就是坏教育"。[9]

在陶行知先生看来，在中国走向现代化的背景下，对于个体的生命存在而言，真实的生活就是其生命的现实载体，因而个体所过的生活与个体的生命是同一个体的一个完整过程，而这也意味着与中国人生活融为一体的教育现代化，也就是贯穿中国人个体生命全部的一种不断变化趋向美好幸福生活的努力过程。就此而言，面向个体真实生活的教育现代化，实质上就是一种个体全人生、全方位、全生活的教育现代化，因而也是一种全生命的教育现代化："'生活即教育'，是叫教育从书本的到人生的，从狭隘的到广阔的，从字面的到手脑相长的，从耳目的到身心全顾的。"[10]

可见，中国的教育现代化必须围绕着中国人真实的生活世界而展开。但是，鉴于当时中国积贫积弱的社会现实，陶行知先生认为中国走向现代化的过程中，中国人所要过的真实生活，应该是一种高尚的生活，“我们总要使我们的身体、精神，都是很健全的、愉快的。这就算是高尚的生活，反之就是低微的生活”。[11]这种生活所要求的教育，要把个体生命的身体合理性诉求与精神解放性要求有机地结合起来，在承认个体生命欲望存在合理性与正当性基础上，引导个体去积极追求美好而有意义的幸福生活，“我们这里主张生活即教育，就是要用教育的力量，来达民之情，遂民之欲，把天理与人欲打成一片”。[12]

个体的幸福美好生活有赖于社会物质财富和精神财富的高度发达，但更取决于个体生命世界的不断丰富与完善。在陶行知先生看来，在教育现代化的过程中，作为个体的中国人必须广泛地吸收人类的一切精神财富，来不断建构和丰富自己的独特生活世界，从而让教育成为一种紧贴时代、鲜活开放、动态更新、全面综合的自我提升与创造过程，并能够让个体在教育过程中展示自己生命所蕴藏的巨大潜力和成长的壮美，在不断完善人格、丰满人性、建构世界的过程中充分享受学习成长的成功和创新生活的乐趣，“过什么生活便是受什么教育：过健康的生活便是受健康的教育；过科学的生活便是受科学的教育；过劳动的生活便是受劳动的教育；过艺术的生活便是受艺术的教育；过社会革命的生活便是受社会革命的教育”。[13]这样一来，走向现代化的中国教育，就不再是一种社会适应性的工具，而是一种生命解放的武器，“教育不是玩具，不是装饰品，不是升官发财的媒介。教育是一种武器，是民族，人类解放的武器”。[14]

可见，在陶行知先生心目中，中国的教育现代化是一种引导中国全体民众提升自己生活世界质量的现代化，因而必须立足于中国人个体对幸福而有意义的生活向往和追求的现实基础上，通过民众生命质量的自我提升和自我解放来自觉实现自我价值与社会价值的协调统一，从而在让每一个中国人过上幸福美好生活的同时，推动社会走向更高层面的文明、民主与富强。这样一来，走向现代化的中国教育，就从过去的封闭、保守、僵化的知识教育转变成了一个全面开放、完善、创新的生命发展教育，“我们所要求的是整个寿命的教育：活到老，干到老，学到老，用到老，教到老”。[15]因而也成了一个需要终身学习的生活教育，“教育是与生俱来，与生同去。出世便是破蒙，进棺材才算毕业”。[16]

注重对高尚生活的现实引导，强调个体的自我内在完善与提升，突出自我价值与社会价值的协调统一基础上实现幸福生活，主张实现终身发展的生命教育。陶行知先生关于中国教育现代化的这些要求对我们今天推进中国式教育现代化，办好人民满意的教育，依然具有重要的参考意义和时代价值，是值得我们去好好汲取的重要教育思想资源和教育发展财富。

三、中国教育现代化要充分激发民众创造性的“自动精神”

党的二十大报告指出，教育、科技、人才是全面建设社会主义现代化国家的基础性、战略性支撑，要加快实施创新驱动发展战略，加快实现高水平科技自立自强。自进入新时代以后，我国的发展面临“百年未有之大变局”，新兴领域人才缺口突出、拔尖创新人才不足、以美国为首的西方社会对我国关键核心技术进行“卡脖子”等重大问题，都已成为中国式现代化面临的巨大挑战。因此，如何有效激发全体中国人的创新精神，加大创新主体培育，不断提升我国作为创新型国家的技术含量，全面增强国家的创新能力和国际竞争力，已经成为中国式现代化的重大战略性任务。国家发展靠人才，人才发展靠教育。中国式教育现代化的一个重要使命就是全面加快创新性人才的培养。陶行知先生虽然没有在当时提出并讨论创新性人才的培养问题，但他关于创造教育的思考，今天依然会给我们不少的启发。

陶行知先生认为，走向现代化的中国教育，与传统的灌输式、服从式的知识教育完全不同，它强调的是创造教育，“所以我们主张‘行动’是中国教育的开始，‘创造’是中国教育的完成”。[16]这种创造教育所要培养的是“以生活为中心”的“创造、建设、生产”的时代新人，不是“继承、享福、少爷”式的知识人，更不是传统教育所要培养的“人上人”[17]。生活教育是面向所有中国人的现代教育，所以陶行知先生强调人人都能做“创造之神”。而且，更重要的是陶行知先生深刻认识到现代社会的本质就是一个不断创新突破的社会，没有创造就会落伍，就会被时代所淘汰，所以他号召人们不要迷信过去，要去大胆开创未来。他认为“时代是继续不断前进，我们必须参加现代生活里面，与时代俱进，才能做一个长久的现代人，否则，再过几年，又要成为时代的落伍者”。[18]

在陶行知先生看来，创造教育最根本的还在于培养“自动精神”。他认为在创造教育过程中，只有充分激发学生的内在动机，让“要我”的外在要求变成“我要”内在自觉，才能实现创造教育的真正目的，“自动是自觉的行动，而不是自发的行动”。因此，也只有在学生内在自觉的基础上，创造教育才能真正收到效果，否则用传统的灌输式教育去进行创造教育，结果只能导致失败，“在自动上培养自动，才是正确的培养。若目的为了自动，而却用了被动的方法，那只能产生被动，而不能产生自动”。[19]

问题是创造的源泉。生活中的真实问题，才能有效激发学生的好奇心和探究欲。只有让学生在真实的生活情境中去实践，学生才能遇到真问题。因此，在学校教育过程中，只有当“做”成为教学过程的中心后，学生才能成为教学过程中的主体，才能够充分激发其“自动精神”，才能通过“做”更好地学习新知识，进而发展出其创新和创造能力。“所以要创造，非你在用脑的时候，同时用手去实验；用手的时候，同时用脑去想不可。手脑一块儿干，是创造教育的开始，手脑双全，是创造教育的目的。”[20]所以，陶行知先生一再强调创造教育过程中要善于和主动引导学生的“自动精神”，要充分激发学生的求知欲。他明确指出：“活的人才教育，不是灌输知识，而是将开发文化宝库的钥匙，尽我们知道的教给学生。”[21]

陶行知先生站在当时时代要求角度，强调创造教育是“以生活为中心”的，“创造教育是以生活为教育，就是生活中才可求到教育”。[22]因而创造教育不仅是一种学校教育，更是一种全人生的教育，其教育内容不但要培养受教育者的实践能力，还要掌握“征服自然、改造社会的本领”。他还要求受教育者要有健全的社会行动能力，具有在社会实践中进行交往、公关、从事社会活动的能力，“就是‘以社会为学校’，‘学校和社会打成一片’”。[23]为此，他还提出了著名的“六大解放”思想。可见，在陶行知先生这里，创造教育作为一种生活教育、全人生教育，其核心就是要人人都激发自己的“自动精神”，人人都变成创造之人，处处都变成创造之地，让中华大地处处充满创造之机。因此，陶行知先生要求要特别注意把自动力的培养贯彻于个人全部的工作、学习、生活之中。这样一来，中国就具备了强大的创造基础和持续不断的创造供给，从而从根本上成为一个创造型的国家，才能真正屹立在世界民族之林。

作为中国教育现代化的先驱之一，陶行知先生在救亡图存的大背景下，就中国教育的现代化问题从思想和实践两个方面都进行了深入的思考和探索。虽然囿于历史的局限，他未能就中国教育现代化的本质和内涵做出更多更深刻的结论，但他对中国教育现代化道路选择、目的追求、内容方法的思考与实践，不仅打破了近代以来“中体西用”的现代化认知框架，也深刻批判了“西体中用”“全盘西化”的“西方中心论”的现代化错误思想，对中国教育现代化走上独立探索道路起了精神启蒙的作用，而且对于我们今天的中国式教育现代化的推进也有着重要的启示，值得我们进一步去深入思考和研究。

参考文献

[1]—[13]、[15]—[16]、[18]—[23] 陶行知. 陶行知全集[M]. 成都：四川教育出版社；长沙：湖南教育出版社，1984—2005.

[14] 董宝良. 陶行知教育论著选[M]. 北京：人民教育出版社，1991：338.

[17] 陶行知. 陶行知文集[M]. 南京：江苏人民出版社，1981：362.

感悟“行知精神”，开拓教育援疆新境界

耿步健　肖　铭

摘　要：陶行知先生是我国伟大的人民教育家，他于20世纪二三十年代所开展的乡村教育和乡村建设运动，为开启我国教育现代化进程作出了不可磨灭的贡献。文章结合陶行知先生的乡村教育思想，分析阐述“行知精神”“行知教育”“行知文化”对推动新时代教育援疆工作的重要意义。

关键词：行知精神；行知教育；行知文化；教育援疆；教育现代化

党的二十大报告指出：从现在起，我们党的中心任务就是“团结带领全国各族人民全面建成社会主义现代化强国、实现第二个百年奋斗目标，以中国式现代化全面推进中华民族伟大复兴”。中国式现代化既是党的奋斗旗帜、奋斗目标，更是一种精神力量、前进动力。尽管党经过百年奋斗领导人民“成功走出中国式现代化道路，创造了人类文明新形态，拓展了发展中国家走向现代化的途径”，但是由于各地区气候和自然环境的天然差异、教育和交通等发展差异、国家发展战略的重点投放差异，我国的现代化发展还存在不平衡、不充分发展的问题。新疆、西藏、云南等边疆地区现代化水平整体相对落后。如何保证以中国式现代化全面推进中华民族伟大复兴进程“不被迟滞甚至中断”，其中一个关键的指标就是新疆等边疆地区能否在全面建设社会主义现代化国家的进程中不掉队、不拖腿。尤其是新疆地区，幅员辽阔，无论是与全国其他地区还是区内进行比较，不平衡、不充分发展的形势都非常严峻。针对这一问题，党和国家早在改革开放初期就已经意识到并进行了顶层战略谋划。2010年3月底，第一次全国对口支援新疆工作会议的召开，彰显了党和国家在为夺取全面建设小康社会新胜利而奋斗的征程中每个地区、每个民族、每个人都不能落下的决心和勇气。本文拟以新疆为例，就全国对口支援新疆工作中最具基础性的教育援疆工作，结合陶行知先生的乡村教育思想，分析阐述“行知精神”“行知教育”“行知文化”对于推动新时代教育援疆的重要意义。

一、“行知精神”激发新时代教育援疆事业

党的二十大报告强调：“教育、科技、人才是全面建设社会主义现代化国家的基础性、战略性支撑。”可以说没有教育现代化、科技现代化、人才现代化，就没有中国式现代化的今天和明天。教育现代化，是基础性、战略性支撑中最为基础、最具战略的因素。其中最为核心的价值目标就是党和国家反复强调的要办好人民满意的教育。但如何才能真正办好人民满意的教育，尤其是在新疆，是非常不容易的。但在这方面，伟大的人民教育家陶行知先生，对推动我国教育现代化所进行的毕生追求和探索，以及所形成的以“爱满天下”“乐于奉献”“坚持真理”“开拓求新”为内核的“行知精神”，依然能够激励新时代的我们勠力同心、砥砺前行，为教育援疆事业推动新疆教育现代化提供宝贵的历史经验和借鉴。陶行知先生是伟大的爱国者、伟大的思想家和“一个无保留追随党的党外布尔什维克”，14岁时就在歙县基督教内地会所办的崇一学堂宿舍墙上挥毫写下“我是一个中国人，应该为中国做出一些贡献来”的豪言壮语，激发他为中国能早日走向教育现代化而发愤读书学习。陶行知在读大学时间就受辛亥革命的影响，积极从事爱国活动，号召全校同学要努力学习和工作，立志“使中华放大光明于世界”。1914年陶行知以总分第一的成绩大学毕业，并决定赴美留学。他先是在伊利诺大学学市政，半年后毅然决然转至哥伦比亚大学，师从美国著名哲学家、心理

作者简介：耿步健，上海师范大学马克思主义学院副院长、教授、博士生导师，上海师范大学附属喀什中学（喀什第六中学）教育援疆教师；肖铭，上海组团式援疆教育人才团总领队，上海市特级校长，上海师范大学特聘教授。

学家、教育家、现代教育学创始人之一的约翰·杜威潜心研究教育。杜威的思想，尤其是其科学与民主的思想影响了陶行知。受杜威“教育即生活，学校即社会，教育即生长”教育理念的影响，陶行知在结合我国实际的基础上进一步创立了“生活即教育、社会即学校，教学做合一”的生活教育理论，主张民众在社会生活中受教育，最终通过“教学做合一”促进每个个体的生长发展。他还与蔡元培等发起成立中华教育改进社，试图突破帝国主义的文化侵略，推进我国的教育现代化实践。他深知没有农村的教育现代化就没有“使中华放大光明于世界”的现代化的未来。在20世纪二三十年代，他和晏阳初等人发起成立中华平民教育促进会总会，还发表了《中华教育改进社改造全国乡村教育宣言》，积极投身乡村教育运动，努力通过乡村教育运动改变当时农村普遍存在的“愚”“穷”“弱”“私”的四大病根。对照今日之新疆，尽管新疆在党的领导下发生了翻天覆地的变化，但就其存在的问题而言，陶行知的教育思想尤其是生活教育理论，对于推进今天的新疆教育现代化仍然具有十分重要的现实意义。教育现代化仍是新疆全面现代化的重要瓶颈，是新疆相对贫穷落后的根源。这也是党和国家提出教育援疆（2021年形成“组团式”教育援疆）的重要原因。教育援疆的初心是：充分利用对口援疆省市优质教育资源，向新疆（含新疆生产建设兵团）选派一批优秀教育人才加强新疆教师队伍建设，集中力量培训和带动当地教师，通过“支援一所学校、示范一个地区”，提高新疆受援学校管理和教育教学水平，提升新疆教育造血能力，切实加强新疆教师队伍建设，维护新疆社会稳定和长治久安，培养爱党爱国的社会主义事业合格建设者和可靠接班人。受行知精神的感召，越来越多优秀的人民教师认识到教育援疆的意义，自觉响应党和政府号召，投入到新时代轰轰烈烈的教育援疆事业中。

二、“行知教育”启迪新时代教育援疆工作

教育援疆是新时代党的治疆方略的重要战略举措，是通过推动新疆教育现代化实现新疆经济发展、社会进步和长治久安的治本之策，是所有援疆教师的光荣与梦想。通过教育援疆推进新疆教育现代化，除了精神与热情，还需要教育援疆的先进理念与过硬本领。所谓先进理念，结合陶行知先生的教育实践来看，就是符合新疆地区实际、办新疆各民族真正需要的教育。其中，不仅要努力教育好学校的学生，符合学生全面发展的需要，而且要深入到新疆广袤的农村地区，通过自己的努力激发农民追求美好生活的愿望、锻炼农民创造美好生活的能力、培养农民确立中华一家亲的情感。在陶行知看来，要当好乡村教师，推进乡村教育现代化，就必须要有“农夫的身手、科学的头脑和改造社会的精神”。在今天要做好援疆教育，同样必须入乡随俗，与当地的老师、学生，甚至当地百姓打成一片，与他们共生活同甘苦，了解他们的生活困难，了解他们的发展瓶颈，了解他们的发展需求，从而在培训、带教与帮扶中同成长、共进步、齐发展。所谓过硬本领，从陶行知先生的教育实践来看，包括做人的过硬本领、做事的过硬本领、改造社会的过硬本领。过硬的本领不是陶行知“四块糖”的教育故事那么简单。首先要放下身架、衣食朴素、深入基层锻造自己，以显平民教师和社会改革家的底层民众本色；其次，要深深扎根最基层的社会和最朴实的农工子弟，把最基层的社会当学校，把最朴实的农工子弟当学生，教人求真“做好你自己”，“做好一个普遍人——真正自立的人”；最后，以丰厚的知识积累和满腔的爱国情怀参与和献身平民教育和乡村建设，造就“处处读书、人人明理”的现代国民，并“以统一的教育促成统一的国家”。教育援疆任务艰巨、使命光荣，有陶行知先生所说的过硬本领，具有“政治可靠、师德高尚、爱岗敬业、业务精良、作风扎实、不怕吃苦、甘于奉献、身心健康”之基本素养，才能在教育援疆中有所建树、有所成就。当然，一个人的理念再先进、本领再强大，但能够发挥的作用终究还是有限的。即便是在陶行知那个年代，也绝不是只有他一个人在从事乡村教育和乡村建设运动，在当时的乡村教育和乡村建设运动中比较知名的就有：晏阳初在河北定县的平民教育与乡村建设实验、梁漱溟在山东邹平的乡村建设试验、黄炎培在上海进行的职业教育试验。正是有许多如陶行知这样有志于乡村教育和乡村建设运动的精英人物，才有了二三十年代轰轰烈烈的乡村教育和乡村建设运动，塑造新国民、推进乡村教育现代化才有了强大的人才和智力保障。陶行知崇尚“造‘富的社会’，不造‘富的个人’”，自觉“站在人民大众之中，为人民大众服务，做人民大众的‘人中人’”，把毕生精力献给了解放大众的“革命

教育”。作为新时代教育援疆教师，我们要学习和践行行知精神，传承和创新行知教育理念，每天“一问‘我的身体有没有进步’；二问‘我的学问有没有进步’；三问‘我的工作有没有进步’；四问‘我的道德有没有进步’”，不断锤炼和夯实自己的教育援疆本领，以“捧着一颗心来，不带半根草去”的教育热忱，扎根新疆、贡献新疆、无怨无悔。教育援疆需要智慧和勇气，更加需要责任和行动，如果每个援疆教师都能如陶行知先生那样成为一面教育的旗帜、一座精神的丰碑、一种奋进的动力，那新疆的明天一定会更加灿烂和美好。

三、“行知文化”助力新时代教育援疆发展

陶行知先生作为中国平民教育的拓荒者、蜚声于世的人民教育家，连同他的人格精神、教育理念和坚毅笃行，一起构成了近代教育史上独特而又富有魅力的“行知文化”。在陶行知看来，教育不仅仅是让作为劳动者的受教育者获取知识，更是为了让每个劳动者都能通过接受教育认识到自己对于一个社会的价值，明确自己作为一国之民能够享有的权利和应该承担的义务。陶行知早在大学期间就明确表达了以教育改造社会的理念：“人民贫，非教育莫与富之；人民愚，非教育莫与智之……自由平等，恃民胞而立，恃正名而明。同心同德，必养成于教育；真义微言，必昌大于教育。”这也就是后来的人之所以提出再穷不能穷教育、教育改变命运、知识改变人生的深刻道理。习近平反复强调的“扶贫先扶智，要更加注重教育脱贫”“不要让孩子输在起跑线上”，从某种意义上说明了乡村教育在乡村振兴中的基础性、支撑性作用和意义，没有乡村教育现代化就不可能有乡村现代化的全面实施，也就不可能有中国式现代化的全面实现。而新疆地区尤为任重道远。党和国家提出文化润疆，目的是要筑牢新时代新疆工作的思想文化根基，不断增强新疆各族人民对国家、民族、文化的高度认同，能够为群众提供丰富多彩、喜闻乐见的文化公共产品，激发全疆各族人民爱国爱疆的美好情感。但教育援疆如果仅仅做到这一份上仍是远远不够的，必须大力传承和创新弘扬“行知文化”，用“行知文化”助力新时代教育援疆发展。“行知文化”的立足点是生活教育，即“生活原有，生活所自营，生活所必须的教育”。将新疆人民对美好生活的向往作为援疆教育的出发点和落脚点，通过援疆教育让受教育者懂得“行是知之始，知是行之成”，鼓励受教育者用“行”和“知”去创造生活、创造人生、创造美好，服务社会、成就国家，有效避免传统教育“先生是教死书，死教书，教书死；学生是读死书，死读书，读书死”的弊端。“行知文化”的真谛是“真教育”——“千教万教教人求真，千学万学学做真人”。将求马克思主义之真、求社会主义核心价值观之真、求铸牢中华民族共同体意识之真、求新疆中国式现代化发展之真，以及做“有理想、有道德、有文化、有纪律”“培养德智体美劳全面发展的社会主义建设者和接班人”之真人，作为我们援疆教育的核心和灵魂。通过援疆教育切身领会到“社会即学校”，“爱满天下”“学做真人”不仅是陶行知教育思想的本源，更是教育现代化之灵魂，要努力让受教育者走出校门、走向社会、走进世界，学会包容与博爱、借鉴与理解、交流与合作、团结与进步。“行知文化”的根本是“教学做合一”。要将促进受教育者“知行统一”“表里如一”作为我们援疆教育的价值和追求，通过援疆教育让受教育者切身体会到映衬“行知文化”本质特性的“与生活结合、与社会相联”的“活的教育”的无穷魅力，懂得只有真正做到“教学做合一”，才能成为一个真正具有奉献精神的全面发展的“真人”，成为一个真正有益于社会、人民、国家的人。当然，“行知文化”内涵丰富，对于教师也有专门的师德养成要求，诚如陶行知先生所指出的，“教师的服务精神，系教育的命脉。金钱主义，最足破坏教师职业的尊贵”，教师必须具有“不要名，不要利，只要教育好；不怕难，不怕死，只怕教育不好”的职业精神。这就要求新时代的援疆教师必须淡泊名利，以服务与奉献精神做好教育援疆工作。

总之，党的二十大确立了全面建设社会主义现代化国家的宏伟蓝图，“全党全军全国各族人民意气风发踏上新征程，向着新目标，奋楫再出发”。作为新时代的教育援疆教师，必须以“行知精神”激发新时代教育援疆事业，以“行知教育”启迪新时代教育援疆工作，以“行知文化”助力新时代教育援疆发展，将“出世便是破蒙，进棺材才算毕业”作为激励自身“始终处于学习状态，站在知识发展前沿，刻苦钻研、严谨笃学，不断充实、拓展、提高自己”的励志铭，不断推动新疆教育现代化，促进新疆“团结和谐、繁荣富裕、文明进步、安居乐业、生态良好”现代化战略目标的早日实现。

陶行知的徽州朋友圈及其教育遗存

黄建敏

摘　要：文章系统梳理陶行知先生在故乡徽州的朋友圈及其教育遗存，旨在考证汇集相关资料，建成数据库，助力开展行知研学活动。为更好地设计研学线路、上好现场微课，讲好行知故事提供参考，从而推动陶行知教育思想在新时代的传承和践行，让行知教育走向世界。

关键词：陶行知；朋友圈；数据库；教育遗存

黄潭源村距歙县县城约4公里，清澈的丰乐河从村旁静静流过，南边屹立着青葱的屏风山。伟大的人民教育家陶行知先生便诞生于此地。

据考，陶行知的祖籍故地系浙江绍兴县陶家堰，陶氏祖上由浙迁歙的时间为明正德五年（1510年），自始祖"明子公"起至陶行知这一世止，共十六世。陶氏定居黄潭源后，筑草房，修建五柳堂，草房之畔称五柳巷（俗名陶家巷）。陶行知1917年留美归国之后，仍带有陶氏田园诗人的质朴与潇洒，将晓庄山麓里新造的茅庐取名为"五柳村"。

咸丰、同治之际，太平军与清军在徽州进行了长达10年的战争，尤其是曾国藩驻徽期间（1860年7月28日至1861年5月5日），徽州战场大军云集，血战连连，战争几乎摧毁了辉煌一时的徽州古典文明，黄潭源村也渐趋于衰落。到陶行知祖父时，家业仅剩下一亩一分耕地，其祖父被迫到屯溪一个酱园当学徒。陶行知就是出生在这样一个家道中落的家庭，从小跟父母种田、种菜、种瓜、砍柴，磨练刚毅意志，养成劳动习惯，并由此加深了对劳动人民的情感。他在给妹妹的信中写道："我本来是一个中国的平民，无奈十几年的学校生活渐渐把我向外国的贵族的方向转移"，"好在我的中国性、平民性是很丰富的……经过一番觉悟，我就像黄河决了堤，向那中国的平民路上奔流回来了。"这种"流回"的力量，源于陶行知小时候的平民生活。

一个名不见经传的小乡村孕育出一位举世闻名的教育家，绝非偶然。回顾他的成长足迹，我们不难发现，在徽州文化大背景下陶先生交友圈的作用和影响。

一、陶行知的徽州朋友圈

陶行知在徽州的老师、同学、同乡、学生很多，朋友圈层次丰富，关系千丝万缕。他重视地缘关系，抱团合力兴教，这也是徽州教育人的一大特点。

1. 陶行知和他青少年时期的老师

1916年2月，陶行知在《我的学历及终身志愿》中说："余生于徽州，此乃一鲜与外界交往之地。余之早期汉学教育受业于家父及其他师长。"

陶行知父亲陶位朝是位秀才，既带他劳动，又教其识字，是他的第一任老师。

陶行知6岁时被蒙童馆方庶咸老师免费招收，7岁转学到休宁县万安街吴尔宽经馆读书。11岁时，回到黄潭源村，在父亲指导下自学，并从事轻体力劳动。12岁经亲友介绍，陶行知拜歙县徽城镇上路街的程郎斋为师，每天清晨先上山砍一担柴挑到城里，卖完再赶到程宅上学。当时，歙县有位学问较好的贡生王藻老先生，受聘在距黄潭源村七八公里的航埠头曹家任教，陶行知常步行到曹家经馆登门求教。15岁时，陶行知被崇一学堂的英籍校长唐进贤赏识，得以免费进入洋学堂读书，开始接受西方文化教育。学堂除教授中国历史和国文外，还开设数学、理化、英文、医学常识等课

作者简介：黄建敏，安徽省黄山市委宣传部副部长，黄山日报社党委书记，黄山市广播电视台党委书记、台长。

程。陶行知用两年时间，即读完中等教会学校的三年课程。

方庶咸、吴尔宽、程郎斋、王藻、唐进贤等几位老师，是对陶行知影响较早的启蒙者。在崇一学堂读书期间，为免除陶行知每天走读的劳顿，翻译兼老师章觉甫还照顾陶行知在自己家搭伙，是陶行知早期学习生活中不可或缺的一位恩师。后崇一学堂因唐进贤返回英国而停办，陶行知常去严达老师家补习英语，为继续求学打下坚实基础。

1908 年春，17 岁的陶行知考入教会办的杭州广济医学堂，乘船离乡求学。三天后，因不满校方歧视非教会学生，愤而退学。1909 年秋至 1914 年夏，陶行知在汇文书院和金陵大学度过了他一生中难以忘怀的青春岁月。1914 年 8 月，陶行知、陈鹤琴等 110 名学生同船赴美留学，带队老师便是清华大学奠基人、第二任校长周诒春，祖籍安徽休宁。

2. 陶行知和他的徽州同学

陶行知在徽州求学时形成的同学朋友圈，为他日后办学提供了很多帮助和支持，许多人与他一起奋斗在教育一线。

在吴尔宽经馆，与陶行知一起习读的有汪鸿熙、方竹如等 12 位同学。在崇一学堂，陶行知的同学有姚文采、江粹青、程家庚、章文美、章文启、汪邦镐、汪邦嵘、朱家治、汪嵩祝、洪范五、程祖贻、汪邦钊、汪邦祁、汪邦钧、张枝一、汪采白等在籍学生 18 人。其中，陶行知与洪范五、姚文采同住一个寝室，交往密切，互帮互助。

陶行知生前曾向其子陶城感怀：姚文采、许士骐是自己引为亲兄弟的两人。

姚文采是歙县深渡九砂人，1911 年在杭州，陶、姚相逢。当时，陶行知在南京上大学，动员时为农村小学教员的姚文采，还有张枝一、朱家治，也去南京金陵大学深造。囿于家贫，姚文采有点纠结。见状，陶行知不假思索地说："走！有我吃的，便有你的。"于是，姚文采到南京打工攒学费，考上金陵大学。经陶行知引荐，1917 年，姚文采在东南大学任教。自 1923 年起的 28 年间，姚文采在南京安徽中学（初称安徽公学，南京六中前身，陶行知曾任校长）"师陶"治学，足迹所至，无不与陶行知相关。1930 年 4 月，蒋介石下密令缉拿陶行知并查封晓庄师范。当晚，住姚文采家的陶行知从匆忙赶来的友人口中得知消息，立意以身殉职。经姚文采等人苦劝，陶行知才同意出走上海。不久，姚文采与 20 多位晓庄师生一起被捕。狱中，受尽严刑拷打的姚文采始终未透露陶行知去向。陶行知所归葬的墓地（即今"行知园"）及姚文采本人墓址，均由姚文采生前一手选定，距离他们并肩战斗过的晓庄师范原址很近。

陶行知老乡许士骐，安徽歙县人，早年毕业于上海美术专科学校，师从粉画大师李超士。南京晓庄师范初创时，许士骐欣然应邀担任学生指导教师，与陶行知成为好友。陶行知晚年在上海组织民主活动时，许士骐常伴左右。陶行知逝世时，受郭沫若和家属委托，许士骐当夜为陶行知拓制面模、手模，供后人凭吊纪念。为弘扬陶行知"捧着一颗心来，不带半根草去"的无私精神，在陶行知逝世的第二年，许士骐回到故乡，在爱心人士资助下，利用祖宅办起了一所义务小学，这是当时全国第一所以陶行知名字命名的"歙县行知小学"。后来，许士骐积极参与陶行知研究事业，直至逝世。

洪范五出生于休宁县万安镇，被誉为"中国图书馆事业的拓荒者"。洪范五与陶行知儿时都在万安古城岩下、水蓝桥边读私塾（洪在吴华甫塾馆、陶在吴尔宽私塾），后同在崇一学堂就读。他与陶行知等共同发起筹建安徽大学，支持陶行知创办南京安徽中学、晓庄师范。洪范五曾任清华大学图书馆馆长、中央大学图书馆馆长、南京大学图书馆主任等职，所提"图书资源共享""为读者服务"等思想影响图书馆界。胡适先生有语："范洪五先生是我国最早的一位图书馆专家，对于全国图书馆的发展贡献极大。"情系桑梓，洪范五指导和帮助安徽省立二师（休宁中学前身）建立图书馆，1922 年还赴省立二师作《图书馆中教育》之演讲，校长胡晋接对洪范五关心家乡教育甚为感谢。

汪宗沂是《资本论》中提到的唯一中国人王茂荫之女婿。而汪采白是汪宗沂孙子，与陶行知同学，是新安画派传人，曾出任安徽省立第二中学（现休宁中学）校长，该校为当时徽州地区最高学府。

胡适与陶行知是同乡同龄同学。胡适为绩溪人，两人同为美国哲学家、教育家杜威的高足，回国后，一北一南在高等学府任教，各自在新文化和新教育领域开拓出一片新天地。胡适是洪谦大嫂的堂哥，洪谦是王茂荫曾外甥，与王茂荫夫人同是歙县三阳人。

3. 陶行知和他的徽州老乡

在陶行知办学过程中，徽州同乡支持者众，陶行知也由此普及办学理念与实践。

程宗泗为休宁湖边村（今属黄山市屯溪区）人，清末赴日本早稻田大学攻读政治学，民国初先后执教于南京政法学堂、北京铁道学院和朝阳大学，后任上海神州女校教务长。1921年，为发展家乡女子教育，时任南京高等师范学堂（后改名东南大学、中央大学）教育系主任陶行知、东南大学图书馆主任洪范五、安徽省立第二师范学校校长胡晋接（休宁中学首任校长）、省立第三中学校长方新（他们同为徽州人）等积极筹办省立第四女子师范学校，在当时安徽省教育厅长江彤侯（歙县人）支持下，选校址于戴震故里隆阜三门里吴树德堂。陶行知推荐日本留学生程宗泗为首任校长。创办之初，陶行知多次致函，指导教育思想、发展规划及校舍建设，并派专人送长城砖一块，作建校奠基，勉励培养国家“长城”。

陶行知和柯庆施都是歙县人。陶行知从美国学成归来，在南京高等师范学堂任教授兼教务长，姚文采受聘为生物学、解剖学讲师，同乡朱家治也在该校任教。当时，柯庆施在南京求学并从事学生运动，生活比较拮据，陶行知等三人对其学习、生活给予无微不至的关怀。

歙县溪头镇蓝田村人叶元龙，民国时曾任南京大学教务长，金陵大学、上海大同大学等校经济系教授，安徽省及贵州省政府委员兼教育厅长，重庆大学校长。他支持陶行知“手脑并用”的教育思想，曾邀请陶行知到重庆大学演讲。

革命音乐家张曙出生于歙县坑口乡，陶行知创办晓庄学校后曾邀其演出、任教数月。

歙县人方与严是陶行知的得力助手、陶行知教育思想的忠实实践者和最早宣传者。他曾被陶行知派往杭州的湘湖师范，以晓庄为榜样办学，使湘湖以“浙江的晓庄”而闻名全国，后被陶行知召回晓庄任校务主任。新中国成立后，方与严参加了开国大典，曾任教育部初等教育司副司长和民族司副司长等职。

方新是清末民初徽州地区重要的教育人物，1917年去南京高等师范学校工作，与教务主任陶行知关系密切，常一起研究中国教育改革问题。陶行知曾致电安徽省政府，举荐方新任歙县省立三中校长。方新离开三中，在省教育厅短期任事后到南京找陶行知，希望在晓庄工作。陶行知说，在晓庄只有拿锄头、挑大粪的工作，你不行，还是回婺源办教育吧。后来，陶行知推荐他到婺源县任教育局局长。到任后，他力推《平民千字课》，从本村元吉小学到城东小学、城西小学，宣传普及平民教育，走遍全县城乡，以在武口茶场与茶场小学的时间最长，成效最显。

创建于1905年的呈坎潨川小学，以陶行知教育思想治学，创办者罗会坦曾任孙中山先生秘书，教员罗运机与陶行知交好。

汪达之为黟县碧山人，1928年底进入南京晓庄师范学习深造，成为实践陶行知“生活教育”理论、为改革中国教育而奋斗的战士。1930年汪达之受陶行知派遣，前往苏北淮安任新安小学校长（之前校长由陶行知兼任，但陶从未到过淮安）。这所幼稚园收容哺育了革命烈士子女，包括毛岸英、毛岸青、项英女儿项苏云在内的一批革命后代。

著名教育家黄炎培是黟县女婿，其夫人姚维钧祖籍黟县。民国时，黄炎培数次到徽州黄村小学、休宁中学等校考察。黄炎培与休宁商山人孙起孟为好友，共同致力于发展中华职业教育。陶行知与黄炎培亦师亦友。1946年陶行知逝世后，黄炎培与沈钧儒等人组织上海各界人士召开追悼大会，黄炎培还与沈钧儒、马叙伦、茅盾、陈鹤琴等人陪祭。当年12月4日，黄炎培又与沈钧儒、翦伯赞等人护送灵柩到晓庄公葬。

歙县人方梦樵，经销上海光华火油公司煤油、福新烟公司和华菲烟公司香烟、火柴、肥皂、蜡烛（称“五洋”），1933年受陶行知教育思想影响，募资创办歙县礼义乡完全小学。

休宁万安人吴筱竹曾在无锡工厂推行陶行知平民教育，根据“山海工学团”制订的“工以养生，学以明生，团以卫生”原则和“乡村工学团”经验，率100多名青少年，从炮火纷飞的前线辗转到休宁办学。

休宁县教师程管侯见证了陶行知投身革命的行动。1954 年，他在《程管侯自传》中说："1911 年，31 岁，宣统三年，辛亥。参加余德民、陶行知、汪章瑞、程则裴等在屯溪阳湖余家庄起义，清县知事先期出走，休宁富户地主代表汪觉生等拥夏慎大取得县政权。"

4. 陶行知和徽州女子教育弘扬者

在陶行知先生关怀下，诸多徽州女子献身教育事业。

陶行知胞妹陶文渼 1922 年 10 月加入中华教育改进社，曾协助陶行知开展平民教育，在南京设平民学校，试用陶行知与朱经农编写的《平民千字课》，1928 年在晓庄试验乡村师范学校举办乡村妇女工学处。

"皖四女师"教务主任、休宁蓝田人金鸣岐自幼家教良好，8 岁在西村私塾读书，10 岁随父到沙市就读于圣公会学校，14 岁考入上海圣玛利亚女校，19 岁以优异成绩高中毕业，20 岁被上海《时报》馆聘为书记兼翻译。陶行知、洪范五、姚文采、朱家治等徽州旅宁教育界人士热心推荐徽籍教育人才，尤其是女教师回省立第四女子师范学校（简称"皖四女师"）任教。在陶行知力荐下，金鸣岐任该校教务主任并兼任英文、地理老师。

歙县人程勤若 1920 年 3 月入北京大学，同王兰、邓春兰等一道，是我国第一批进入北京大学实行男女同读的 9 名女子之一。大学毕业后不久，程勤若带着陶行知推荐信到"皖四女师"任教。若干年后，程勤若又受聘安徽省立第二中学（现休宁中学）任教，直到全国解放。1950 年受时任徽州师范学校校长王世杰邀请，到徽州师范学校任教，直到退休。

万安人金引璋是第一代女体育教师。金引璋青少年时曾到隆阜程勤若家小住，与程勤若（程去武汉教学）一同乘船，顺新安江而下，经杭州，过上海，到南京，凭"四女中"校长介绍信，找到南京安徽中学校长姚文采，被安排寄住其弟家，考入中央大学教育学院体育专修科。当时，陶行知在南京晓庄办学，已是著名教育家。金引璋得知他是同乡、长辈，前往拜望，受到陶行知热情接待，并留宿一天，再三勉励金引璋："从事教育事业很好，教育事业是伟大的事业。"几十年来，金引璋常回忆说："在教育事业上对我一生启发和影响最大的是陶先生。"

二、陶行知徽州朋友圈的教育遗存

陶行知徽州朋友圈的教育遗存很多，绝大部分保存完好，如周诒春故居、休宁中学、隆阜中学原址、西溪南伊坑小学、呈坎溕川小学、郑村西溪不疏园、柯庆施故居、歙县中学（原紫阳书院）、歙县张曙故居、歙县蓝田叶元龙故居、绩溪胡适故居、绩溪胡晋接故居，等等。也有不少以"行知"命名的学校及"文化标识"，如歙县行知中学、行知小学、歙县徽州师范学校（行知楼）、徽州知行园、黄山行知亭等。这些徽派建筑遗存尤为珍贵，其背后都站着一位或多位教育名家，蕴藏着丰富的教育故事，是徽州教育人精神传承的物质载体，具有独特价值。目前，歙县陶行知纪念馆、休宁陶行知启蒙馆（吴尔宽故居）长期对外免费开放，已成为全国爱国主义教育基地。

走进这些百年老校、名师故居，了解徽州教育传承与发展，让特定载体讲好新时代教育故事，是缅怀，更是对陶行知教育思想的认知和景仰。全面梳理陶行知在徽州的朋友圈及其教育遗存，并以此为依托，开展行知研学，设计行知研学线路，上好现场微课，讲好行知故事，建设数据馆和陶行知廉洁文化数字馆，推动陶行知教育思想在新时代得到创造性转化和创新性发展。

‖ 本期专题 ‖

主持人的话（主持人：王钢，上海行知教育促进会理事长，本刊副主编）

劳动教育客观存在于学校教育。劳动教育在不同的历史阶段、不同的文化背景下，呈现出不同的形态。陶行知教育思想中有许多关于劳动教育的论述，更有不少实践成果。本期登载的三篇文章，既反映了陶行知劳动教育思想的当下实践，也是落实中共中央、国务院和教育部《关于全面加强新时代大中小学劳动教育的意见》的经验荟萃。需要注意的是，面对科学技术的高速发展，学校劳动教育仍有不少需要面对的问题，需要不断创新实践。本刊愿成为新时代学校劳动教育成果的分享平台，为更好开展劳动教育提供智力支持。

推动新劳育一体化　培育负责任的成功者

陈　婷

摘　要：新时代的劳动教育对于培育学生劳动核心素养，促进学生全面发展具有独特价值。文章以笔者所在学校打造劳动教育示范校的经验为基础，系统论述学校借力教育数字化转型，整合资源、因校制宜，创新劳动教育内容、方式与手段的生动实践。学校通过实施“劳动文化建设、生活技能培育、生产劳动体验、公益志愿服务、劳动综合评价”五大行动，构建“1+5”劳动教育体系，推进新劳育一体化建设，成功打造特色劳动教育新模式，形成“以劳育人”的学校劳动教育新生态。

关键词：劳动教育；新劳育一体化；以劳育人

为深入贯彻德智体美劳全面发展的党的教育方针，落实中共中央、国务院和教育部《关于全面加强新时代大中小学劳动教育的意见》精神，体现新时代劳动教育对学生核心素养培育的独特价值，推进知行合一，培养学生成为负责任的成功者，我校积极开展了劳动教育一体化建设。近年来，我们从认清方向目标、把好科学定位、理清基本思路、采取切实举措入手，通过活动和课程、校内和校外、线上和线下、评价和发展、培育和引领一体化建设，创设具有区域特色的劳动教育示范校，逐步形成体现时代要求，彰显成功教育特色的劳动教育新体系。

一、建设背景

1. 教育政策导向和课改推进的战略需要

习近平总书记在 2018 年 9 月召开的全国教育大会上强调，要坚持中国特色社会主义教育发展道路，培养德智体美劳全面发展的社会主义建设者和接班人。“要在学生中弘扬劳动精神，教育引导学生崇尚劳动、尊重劳动，懂得劳动最光荣、劳动最崇高、劳动最伟大、劳动最美丽的道理，长大后能够辛勤劳动、诚实劳动、创造性劳动。”

2020 年 10 月，中共中央、国务院出台了《深化新时代教育评价改革总体方案》，实施大中小学劳动教育指导纲要，加强劳动教育评价，将参与劳动教育课程学习和实践情况纳入学生综合素质档案，为新时代大中小学劳动教育的开展指明了方向。

2022 年 4 月，教育部正式印发《义务教育课程方案》，将劳动从原来的综合实践活动课程中完全独立出来，并发布《义务教育劳动课程标准（2022 年版）》，新时代劳动教育的号角已经吹响，也为成功教育的纵深发展提出了新的挑战。

作者简介：陈婷，上海市闸北第八中学党总支书记、校长，正高级教师。

2. 学校教育新一轮改革和发展的现实需求

新一轮改革要求培养学生的必备品格与关键能力，如何在有限时间里，既保持高质量的教学，又提高学生多方面素养？

如何整合资源、因校制宜，借力数字化转型契机，创新劳动教育内容、方式与手段，打造成功教育特色劳动教育新模式，形成“以劳育人”的学校劳动教育新生态，是学校发展亟需思考的问题。

二、建设目标定位

1. 完善成功教育特色学生发展目标

以学生核心素养发展为导向，加强生活能力和良好卫生习惯教育，树立自理、自立、自强意识，认识劳动与自然界的基本关系，掌握基本劳动技能，树立服务社会的公益意识，在劳动中促进学生德智体美同步发展。

2. 构建成功教育特色“1+5”新时代劳动教育体系

围绕“培养负责任的成功者”的育人目标，实施“劳动文化建设、生活技能培育、生产劳动体验、公益志愿服务、劳动综合评价”五大行动（以下简称“五大行动”），形成1+5劳动教育体系。推出以劳动技能展示、劳动能手表彰、劳动课程选修为特色的“尚学趣劳动平台”，推动学生热爱劳动，分享劳动成果，争做劳动能手。

3. 打造成功教育特色劳动教育新模式

坚持立德树人、五育并举，把劳动教育纳入人才培养全过程。紧扣国家经济社会发展新趋势，结合学校办学特色，遵循学生成长规律，全面修订人才培养方案。强化马克思主义劳动观教育，将日常生活劳动融入学生成长全过程，生产体验劳动植入学科课程和拓展活动中，服务性劳动教育融入德育实践中。

4. 创建成功教育特色三位一体协同育人新格局

以学校为主导，家庭为基础，社会为依托，三者整体协同、深度融合。生产劳动“班班有块地，人人有绝活”；生活劳动“自己事自己做，家务事勤参与”；服务性劳动“自觉自愿，勇于担当”。牢固树立“劳动最光荣、劳动最崇高、劳动最伟大、劳动最美丽”的价值观。

5. 建立成功教育特色劳动素养评价新机制

以家庭、学校、社会为评价主体，生活劳动、生产劳动、服务性劳动为评价内容，劳动态度、劳动技能、劳动成效作为评价指标，将过程和结果、定性和定量、自评和他评相结合，充分发挥评价的育人导向和反馈改进功能。

三、建设基本思路

以培养负责任成功者为宗旨，以学校教育数字化转型为契机，以“常规、活动、课程”为载体，聚焦规范化日常生活劳动、特色化生产劳动、多样化服务性劳动，以体系化劳动教育清单为依托，推进五大行动，全面营造以劳立德、以劳增智、以劳强体、以劳育美的校园劳动文化，促进学生德智体美劳全面发展。

四、建设方案与举措

1. 劳动文化建设行动

将劳动价值观教育纳入文化课，在政治、道法、历史、艺术、语文等课程中突出马克思主义劳动观，大力弘扬劳动精神、劳模精神、工匠精神，帮助学生树立正确的劳动价值观和吃苦耐劳的劳动态度。充分运用校班会、升旗仪式、梦飞大讲堂、微信公众号、微视频等平台，立体化宣传劳动教育。打造“劳模进校园”“工匠面对面”“走访工作室”，让学生零距离接触劳动模范，体悟“幸福是奋斗出来的”，推出“成功之星”专题宣传，唱响“吃苦光荣，劳动伟大”主旋律和最强音。

2. 生活技能培育行动

将劳动教育新要求有机融入“负责任成功者”培养方案，组织学生定期参加集体劳动，并将日常劳动贯穿学生学习生活全过程。每周设劳动日；学年内设义卖节；在家庭推出“我是小厨神”等活动，养成良好的家务劳动习惯。在学校推出“课桌书柜展评”“优秀值日生”等活动，提升个人生活技能，将学生参与活动情况按学年纳入劳动素养评价体系。

3. 生产劳动体验行动

将生产生活劳动与学科课程及社会实践大赛、科技创新大赛有机融合。制定劳动实践课程的实施与考核方案，将劳动教育与学科课程、信息技术和数字化实验有机结合。高质量完成义务教育阶段必修课程，推动高中阶段劳动教育在综合实践活动课程中的深化。结合学科、项目和活动特色，在学科课程中掌握劳动知识，学以致用、知行合一，德智体美劳全面发展。重视新理念、新知识、新技术、新流程、新方法应用，创造性地解决实际问题。

建设“百果园”“百花园”“百菜园”“百草园”“百工坊”等生产体验区，将体现中华传统文化和工匠精神的手工劳动内容和新形态、新技术、新工艺的现代劳动内容相结合。设立图书馆管理、校园绿化、讲解服务等实习岗位，完成规定的学农课时。

4. 公益志愿服务行动

将服务性劳动与社会实践有机结合。深度挖掘水环境科普和研学旅行的志愿公益内涵，通过志愿服务体现成功教育价值，强化学生公共服务意识和奉献精神，培养学生的服务劳动能力和公益劳动意识。开设“水环境科普”“社区服务”“上海书展”等服务项目，将植树节、学雷锋纪念日、五一劳动节、志愿者日等纳入其中。丰富“尚学趣云平台”劳动实践课程内容，彰显奉献、友爱、互助、进步的志愿者精神。

5. 劳动综合评价行动

将劳动教育评价机制贯穿人才培养全过程，围绕中学生不同年龄段发展要求，创设相应的评价机制。制定日常生活劳动、生产劳动和服务性劳动量化指标；优化现代服务性劳动、公益劳动与志愿服务意识；提升劳动与人、自然、社会关系的认识。

五、建设成效

近年来，经过不断摸索和反复实践，我们在劳动教育建设方面形成了具有本校特点的基本经验，取得了初步成效，主要表现在：

1. 学生劳动素养显著提升

依托学校基于年级劳动教育清单，实现劳动教育的时间、场地、课程、活动、师资、评价的六落实，实现了学生参与日常生活劳动、生产体验劳动、服务性劳动的常态化。从开荒种菜、科学养蚕，到现代农业实验、跨学科项目研究、环保科普活动等劳动，实现了让学生动手实践、出力流汗，在接受锻炼、磨练意志中，掌握了多项劳动技能，养成良好的劳动习惯。丰富多样的服务性活动，让学生收获丰硕。以学生参与水资源环保科普实践活动，开展服务型劳动为例：

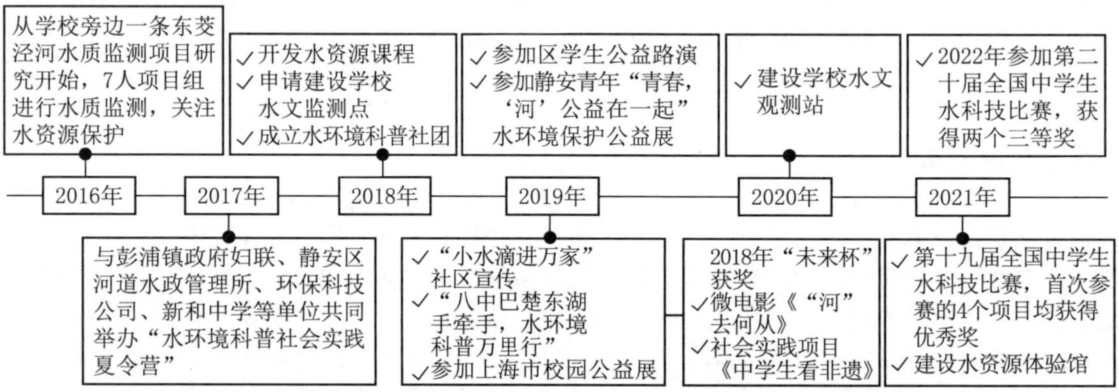

从入学时的懵懂少年，到勇于实践、乐于服务的公益宣传者，他们带动身边的人一起加入志愿服务的行列里，他们用自己的身体力行回答着如何解决个人与自然的和谐关系，并逐步成长为有责

任感、有创新精神、有实践能力的负责任成功者。

2. 多学科协同合作的师资队伍初步形成

体系化劳动教育清单的制定、新技术资源的开发、劳动工具的优化以及多样化服务型劳动的开展，提升了教师资源开发、应用以及双新落实的能力，一大批老师成为市区级优秀指导教师。近年来，一位劳技教师晋升高级，一位教师获得区级劳动教育拓展课教学评比二等奖。常态化实践活动的开展和跨学科课程的推进，促进了多学科多部门的协同，一支由校内教师、外聘导师组成的劳动教育融合推进团队初步形成。

3. 以劳育人的校园劳动文化日渐形成

从劳技教室到百草园、百工坊、阳光房、现代农业种植园、水资源体验中心；从劳技教材到劳动技能系列微视频、劳动主题教育以及探究课程；从劳技课到日常劳动、生产劳动、服务性劳动；从值日活动到校园劳动日、劳动技能“大比拼”、“校园劳动小达人”等活动，系统的校园劳动环境已经建立，以劳立德、以劳增智、以劳强体、以劳育美的校园劳动文化日渐形成。初步实现三个融入与三个转变：

将日常生活劳动融入学生成长全过程，生产体验劳动植入学科课程和拓展活动中，服务性劳动教育融入德育实践中。从单纯劳动体验向真实的生产劳动、生活劳动、服务性劳动转变，从传统型劳动向智慧劳动转型，从学校劳动教育向家庭劳动、社区服务三结合教育扩展。

以生态校园建设、水环境科普志愿公益行动、中华传统文化传承为特色的新时代劳动教育创建成效初显。

六、后续推进思考

1. 丰富资源建设

在既有条件基础上挖潜增能，开辟多种渠道，在劳动技能、探究课程、主题活动库等资源方面，加强体系化建设，增加选择性，提高资源建设品质。

2. 加强一体化建设

以常态化推进为抓手，创新内容，优化形式，丰富手段，进一步深化活动和课程，校内和校外，线上和线下，评价和发展，培育和引领一体化建设，抓实、落细，强实效。

3. 完善评价体系

探索劳动教育清单评价指标，完善劳动态度、劳动技能、劳动成效等多元数据评价体系，基于校本平台，开展综合评价。

新劳育的建设为学校实现培养负责任成功者的培养目标，落实“教、学、做合一”，提供了一条有效实践路径。劳育一体化，培育负责任成功者，我们一直在路上！

“三动”融合：知行合一劳育校本课程的开发与实施

邓云峰

摘　要： 劳动教育思想在某种程度上是陶行知生活教育理论的基石与核心，在新时代课程教学改革背景下，需要更加重视劳育校本课程的开发，把劳育课程的内容寓于学校总体课程体系之中，把劳育活动贯穿于教育活动的全过程，使之成为学校教育的“源头活水”。文章以笔者所在学校为案例，论述了劳育校本课程的关注点：搭建平台，激“动”心灵；注重实效，触“动”心灵；榜样引领，震“动”心灵，让学生回归自强、自信、自觉的精神家园。

关键词：“三动”融合；劳动教育；知行合一；校本课程

陶行知生活教育理论强调在做中教、在做中学，教学做合一。由此可知，连接生活与教育的纽带是“做”、活动。纵观陶行知生活教育理论，不难发现，劳动教育思想在某种程度上是其生活教育理论的基石与核心。教育部《关于加强中小学劳动教育的意见》指出：劳动教育是全面贯彻党的教育方针的基本要求，是实施素质教育的重要内容，是培育和践行社会主义核心价值观的有效途径。我们认为，新时期要重视学校劳育课程的开发与实施，将劳动教育看作一个动态的过程，把劳育课程的内容寓于学校总课程体系之中，建立起学校劳育发挥正面教育的课程体系，形成让学生回归自强、自信、自觉的精神家园的劳育校本课程。

一、搭建平台，“激动”心灵——常态化的劳动教育活动

新时代需要培养自立、创新的人才。对于培养未来人才的全面素质来说，劳动技能素质是必不可缺少的。对学生进行劳动教育是实施素质教育中非常重要的一环，加强劳动教育可以培养学生的劳动意识、劳动兴趣和劳动习惯，也能培养学生的自我服务能力和社会适应能力，同时也能让学生更了解今天的幸福生活是靠劳动创造出来的，让学生从心底尊敬劳动者，珍惜劳动成果。

1. 加强引导，让学生重视劳动

青少年的劳动教育尤其要根据他们的认知特点，从感性认识入手，使他们从生活实践中了解劳动的意义。带领学生参加社会实践活动，参观父母的工作地，了解爸爸妈妈一天的工作，使他们懂得身上穿的衣服、每天吃的粮食都是辛辛苦苦劳动的结果，没有劳动就没有人类的一切。同时，结合课堂教学，通过开展班队活动，使他们认识到劳动最光荣，劳动最伟大，以及有机会能为大家服务是一件多么令人高兴的事。

2. 营造氛围，使学生喜欢劳动

劳动课上，教师的首要职责不在于“教”而在于“导”，在于营造一种生动活泼的教学氛围，使学生形成一种乐于劳动的心理愿望。通过如创设与课文内容有关的情境；把自己当作环境卫生的保卫者、班级的美容师，把枯燥的卫生打扫变得富有人情味，学生干起来也特别积极；运用尝试发现法让学生独立思考，自行发现问题，并寻求答案。

劳育课程实践操作的过程本身就是学生尝试创造的过程。教师要正确看待学生在这一过程中学生所犯的错误，要引导学生正视失败，告诉他们失败并不可怕，可怕的是畏首畏尾，不敢尝试，封闭自卑。

作者简介： 邓云峰，浙江省嘉兴市平湖市行知中学高级教师。

3. 授以方法，使学生学会劳动

在教学中借助劳动教育教材，依据《劳动教育课程标准》培养学生的劳动技能，并根据课文进行讲解，学生参看课文图示，用课本的知识与生活实际相结合的方法，使学生学会劳动技能。同时结合学校的劳动实际，教授一些力所能及的劳动。如入校第一次大扫除，教给学生怎样扫地、排课桌等，既美化教室的环境，又学会打扫方法。教学生劳动，家庭的作用不能忽视，因此要发动家长，每逢节假日教孩子适当参加力所能及的家务劳动。如可组织学生向家长学一种劳动本领，开展"我学会了……"的活动，扩大学生的劳动范围。

4. 重视评价，让学生自觉劳动

在劳育课程中，教师引导学生主动参与评价，不断激励学生的劳动热情，自觉端正劳动态度，是取得良好的劳动效果的重要保证。

学生自评：在劳动中，要求学生随时检查自己做到了没有，做得对不对，与要求有多大差距，随时做到自我调整。

学生互评：学生相互间的启发帮助，比教师一个人面对全班同学考虑得更周到、细致。

家长评价：对于生活自理方面的劳动，学生在家的实践由家长给予评价和总结。

教师评价：在上述的基础上，再由教师对学生作全面的评价，重点放在总结经验，明确下一步的努力目标上。

展示成果：举办全校性的"七彩丰收节"，充分展示各个班级学生劳动的收获和成果。

"七彩丰收节"全程性地展示了劳动教育的过程和经验，有学生、教师和家长的全员参与，全面地展示劳动教育中知识、态度、习惯和劳动精神。活动展示了学生在劳动教育中的点滴收获和经验，学校将以此为契机，让学生在劳动中发现自己的潜质，获取信心，增强责任心，感知创造的乐趣，享受劳动的乐趣，真正体会到劳动最光荣、劳动最美丽。

学校不断加强劳动教育，坚持学知识与劳动实践相结合，开展有益的劳动竞赛。不仅能够提高学生的自我服务能力和劳动技能，而且能为培养出一代有知识爱劳动的高素质学生服务。

二、注重实效，"触动"心灵——层次性的劳动实践活动

要真正走进学生的内心世界，学生的自主活动实践和自我体验是关键。劳育的本质是实践，缺少道德实践的劳育不是完整的劳育。为让学生了解家乡、热爱家乡，开拓视野，走向社会，学校采取开发地方资源的方式，利用本土地方优势，建立多个素质教育综合实践活动基地，拓展学生兴趣，加强综合性实践活动，提升学生的人文素养。为了加深学生的内心体验，触动心灵，抵达学生心中最柔软的地方，我校坚持采用徒步或徒步乘车相结合到活动地点参加劳动的方式，使学生在辛苦的付出后产生的实践体悟更加弥久长远。

1. 活动组织的层次性

学校劳动教育课程的组织实行层层管理，网络清晰。先由学校分管领导出面，根据学校教育计划大致确定劳动教育活动的日期，并与活动基地商量好适宜的实践形式、人员接待等因素；接着，召开年级组长和带队教师参加的实践活动会议，落实安全责任，布置教育主题；然后各班主任按照班级学生情况，发动学生自行组织活动小组选好负责人及布置学校要求，安排教育主题，确定好各小组的活动任务；在诸事具备后，学生才进行劳动实践活动。在活动结束后，往往还会进行实践活动小报告的评比活动，尽量呈现、评比、表彰多样的体会文章，部分优秀作品在橱窗内张贴，以便让学生在阅读优秀习作时再获得一次次思考反省，创造与学生交流畅通的多种渠道。

2. 参与人员的层次性

劳动教育的主角肯定是学生，班主任是"幕后英雄"，还有其他联系教师、实践基地的工作人员，甚至还有家长志愿者等，但还是要真正体现"教师为主导，学生为主体"的教育理念。在劳动教育进行时，由校分管领导负责，年级组长组织本年级班主任和该班任课教师带领学生参加。学生在活动中与相遇同学多了一次相互倾听、倾诉的机会，在相对自由的自然空间和建筑空间表达自己的意愿，与同行的老师们交流；老师们也通过参与主题实践活动走近了学生的心灵，使教育指向明

确，师生关系和谐。同时，学生在社会实践活动中能够形成良好的自理、自律班风。

3. *活动内容的层次性*

德育心理学的研究表明，“学生的年龄特征制约着德育内容的广度和深度。从广度而言，不同的年龄阶段应有不同的德育内容；从深度而言，不同的年龄阶段的同一德育内容也应有不同的程度”。因此，根据不同年级，侧重于统一的大主题下，不同年级围绕学生生理发展的特点、学生的认知规律水平，要求劳动实践活动内容讲究层次化，讲究教育实效。如七年级，步行去市区实践基地劳动；八年级，徒步去周边农村实践基地劳动或工厂企业车间劳动；九年级，远足较远的海港码头或农庄园区劳动实践。另外，劳动的方式多种多样，比如每个班可以有班旗，班旗图案由各班学生自主设计，各有寓意。既激发了学生潜在的创新能力，又培养了学生的集体荣誉感。

徒步远足去实践基地劳动活动，能够培养学生吃苦耐劳的精神和坚持坚持再坚持的毅力，而更重要的是实践基地活动中隐含的道德知识、道德信息、道德判断，以层层递进的体验形式，自然而然地被学生永远铭记在心中，成为最持久的动力。这样的劳育环境氛围浸润，这样的亲身体验感受，是深入精神和灵魂的。

三、榜样引领，“震动”心灵——适切性的劳动体验活动

陶行知指出，“在劳力上劳心，是一切发明之母。事事在劳力上劳心，便可得事物之真理”。也就是说，不仅要有物质生产的劳动，更要有精神生产的劳动，要在物质生产劳动的基础上进行精神心灵的劳动，这才是陶行知所倡导的合理的劳动教育。强化学生的道德体验，从学生的思想实际出发，尊重学生的主体地位，充分发挥学生在德育中的能动作用，发现学生的闪光点，以学生容易接受的方式开展劳动教育活动。为此，我们找到了一条捷径——实施正面教育、寻找感动教育、挖掘震撼教育、追求难忘教育。学生在一系列动感的“情感体验”活动中，心有所感，行有所动，形成一种精神习惯。

榜样的力量是无穷的。我校每月的“劳动周”，让学生在主题“劳动周”中担当起教育活动的大任。“劳动周”采取班级轮流制，具体形式是由轮到的班级策划、组织、推进、总结；最后由学校领导进行表彰先进。整个过程自始至终由班级学生全程组织策划，内容丰富，方式新颖。“劳动周”让学生在师生面前展现了自己的才华和能力，以一种无声的表扬，让学生代表体验到成功的喜悦，产生源源不断的动力；也让参与的其他学生心中产生向往之情，努力向自己的榜样学习。组织策划的班级学生在活动中激情澎湃，各尽所能；其他参与的班级学生也争先恐后，增强了班级的凝聚力；学生的经验介绍没有说教，只有亲身体验、现身说法，加强了教育的实效性。我校的“劳动周”已形成了以正面表扬为主的特色，触动了广大师生的心灵，提升了学生参与劳育的积极性。

我校还设计了一系列能使学生的心灵产生强烈震撼的仪式类劳育活动。比如新生“劳动最强音”宣誓仪式、“最美劳动者”颁奖仪式、“我是劳动小能手”亲子比赛、“劳动最光荣”周周赛、“七彩丰收节”活动等。这些仪式或以盛大的场面，或以肃穆的气氛，或以澎湃的激情，让学生的心灵受到强烈的震撼。在劳育过程中，“踏雪无痕”的瞬间很多，却在学生的心灵上烙下深刻印记。

劳育校本课程是一所学校师生精神风貌、思维方式、价值取向和行为规范的综合体现，是提升教育内涵、拓展教育外延的重要保障；是德育课程创新的重要资源，具有强大的育人功能和渗透作用。落实劳动教育，让学生在劳育中得到成长，让教师在劳育中得到发展，让学校在劳育中得到提升。

参考文献

[1] 耿莉. 劳动与技术教育校本德育课程初探 [J]. 第二十届京津沪渝四市区德育研讨会. 2011.
[2] 白雪苹. 对当代中小学劳动教育缺失的“冷”思考 [J]. 教学与管理（中学版）. 2014（5）.
[3] 赵荣辉. 劳动教育：儿童确证自我的媒介 [J]. 教育学术月刊. 2011（10）.

陶行知劳动教育思想指引下的劳动教育校本实践

陆顺生

摘　要： 陶行知先生提出的“劳动与生活结合、在劳力上劳心、知行合一”等劳动教育思想与新时代背景下的加强劳动教育，让劳动回归人之本质，回归学生的生活日常和成长必需，帮助学生在自主实践中发现自我，通过双手改变和创造自己的生活。这一生活性和发展性的回归与陶行知先生的劳动教育理念同符合契。文章以陶行知先生劳动教育思想为理论基础，从劳动教育校本实践的基础保障、实施路径、实践成效方面，阐述陶行知劳动教育思想指引下的劳动教育的校本实践路径与体会。

关键词： 陶行知；劳动教育；校本实践

习近平总书记在全国教育大会上明确提出将劳动教育纳入社会主义建设者和接班人的总体要求。中共中央、国务院和教育部在《关于全面加强新时代大中小学劳动教育的意见》《大中小学劳动教育指导纲要（试行）》中，就加强大中小学劳动教育进行了系统设计和全面部署：当前实施劳动教育的重点是在系统的文化知识学习之外，有目的、有计划地组织学生参加日常生活劳动、生产劳动和服务性劳动，让学生动手实践、出力流汗，接受锻炼、磨练意志，培养学生正确的劳动价值观和良好的劳动品质。

概览中国现代教育史，陶行知是最早提出教育与生产劳动结合的教育家。陶行知生活教育的核心内容之一即以生活为中心的教育，而对于什么是生活，陶行知给出了简明扼要的定义——“劳动即生活”，揭示了生活的基本内涵。[1] 这一论述在今天看来仍然具有十分重要的指导意义。新时代背景下，加强劳动教育，旨在将劳动回归人之本质，回归学生的日常生活和成长必需，帮助学生在自主实践中发现自我，通过双手改变和创造自己的生活。这一生活性和发展性的回归与陶行知先生提出的“将劳动与生活结合、在劳力上劳心”等劳动教育思想同符合契。

作为一所陶行知研究会的实验学校，要以陶行知先生劳动教育思想为指引，在落实立德树人根本任务的教育实践中结合运河文化，构建劳动教育的新思路，开展劳动教育校本实践，培养学生正确的劳动价值观，提升学生的劳动能力。以下结合我校多年的探索实践，从劳动教育校本实践的基础保障、实施路径、实践成效等方面进行简要阐述。

一、基础保障全方位，助力劳动实践

（一）激发教师潜能，规划顶层设计

在五育并举的人才培养体系中，准确理解劳动的政治属性、教育属性、实践属性，准确把握新时代劳动教育的丰富内涵，具有十分重要的意义。劳动教育不仅可以使学生掌握基本的劳动技能，还可以让学生在劳动中积累知识、丰富人生阅历，提高动手、动脑解决问题的能力，从而增强学生的自信心，在激发兴趣、挖掘潜能的同时，培养学生树立“生活靠劳动创造，人生也靠劳动创造”的意识，为学生的未来生活奠定迎接挑战、解决困难的基础。

要让具有运河文化特色的劳动课程成为学校的特色，必须激发教师的能动性、发挥教师的特

作者简介： 陆顺生，浙江省嘉兴市桐乡市石门镇羔羊中心小学书记、校长。

长，让国家课程更好的立体延伸，让学生寻得兴趣向美前行。基于以上理念，在推进劳动教育的校本实践过程中，我们充分挖掘地域文化、组织有特长的教师开展头脑风暴，对学校劳动教育的阵地建设、课程架构、实施路径等进行全方位顶层设计，以运河文化特色教育为切入点，开发具有运河文化特色的拓展性课程，完善课程的总体框架，注重国家课程校本化，形成富有特色的劳动教育体系。

（二）整合校内资源，建好实践阵地

《大中小学劳动教育指导纲要（试行）》指出：学校要充分利用校内学习、生活有关场所，逐步建好配齐劳动技术实践教室、实训基地，丰富劳动教育资源。[2] 基于这样的要求，我们充分挖掘、整合校内资源，开辟劳动实践阵地，为开展劳动教育的校本实践提供有力保障。

1. 劳动实践主阵地——运河农耕园

在校园的东北角，有一片近千平方米的闲置土地。经过师生平整，规划好排水的沟渠，安装好浇水的管道，围上漂亮的栅栏，种上四季的果蔬，再在角落里摆上几个荷花缸，树起一块醒目的牌子，我们的劳动实践主阵地——运河农耕园就落成了。

学生们在老师的带领下，利用拓展课和课余时间，亲手栽种农作物，亲历田间管理的一系列过程。不但学习到了书本上没有的劳动知识，提高了劳动能力，还通过举办丰收节、运河小吃厨艺大比拼、蚕豆系列菜肴制作等活动，让学生们参与动手实践、品尝美食，享受劳动的成果，将劳动教育推向纵深。

2. 运河农耕之源泉——运河文化园

进入校园，首先映入眼帘的是景色宜人的运河文化园，园内道路参照京杭大运河的流域路线规划，各地节点分别以拴马桩、三潭印月、城市简介牌等标志性小景观为亮点，蜿蜒曲折，宛然一条缩小版的运河。园中还展示了学生创作的关于劳动教育的书画作品，设置了运河上的舟楫，种植了运河岸的芦苇等植物，让学生在文化园中认识京杭大运河，了解历史悠久的运河农耕文化。西侧的二十四节气墙则重呈现每个节气的名称、诗文，并用大幅美术作品展示每个节气的农耕图画，图文并茂地再现了运河农耕的劳作场景。

3. 劳动教育小阵地——多学科融合

除此之外，学校在美术室、运河文化综合活动室等专用教室及校外设置了劳动教育学科融合小阵地。美术室的小型农具展示柜，方便学生临摹写生，创作美术作品。运河文化综合活动室则展出了学校从运河岸边收集来的各种大小型农具，如纺车、风车、水车、船橹等，这些千百年来运河边出现的大大小小竹制、木制的劳动工具都贴上了专门制作的介绍标签。我们还将行政楼通与教学楼的连廊改造成了运河文化长廊，以学生大幅美术作品展示运河劳动人民养蚕、丰收等劳动场景，让孩子们时刻接受劳动教育的熏陶。劳动技术类的非遗传承项目“运河草编”还在国际蘑菇村设置了草编工作室，将非遗手工草编制作扬名石门湾畔，助力美丽乡村精品旅游。

（三）抓住教育关键点，打造特色课程

晓庄师范时期，陶行知曾将劳动教育以校训、歌谣、课程设置等多种形式呈现在他的教学之中，通过让学生们亲身参与劳动的方式，重塑其对劳动的认识，熏陶思想，树立正确的劳动观。[3] 借助运河这一得天独厚的地域资源，突破时空的限制，通过“传承、创新、发展”，让学生从已有的生活经验出发，亲自接触最实际的劳动问题，自发性地主动学习，提升学生的劳动技能，是我们推进劳动教育校本实践的出发点和归宿。

劳动教育需要载体，而课程无疑是最好的载体之一。劳动教育的实施仅靠一门课程是不够的，因此我们须积极建构劳动教育课程群。[4] 基于这样的理念，在推进劳动教育的过程中，我们围绕劳动教育体系的关键点，加快课程体系架构，将运河文化拓展性课程分为“水之慧”综合课程、“水之德”德育课程、“水之润”才艺课程三个板块。其中的“水之慧”综合课程是基于国家课程的综合实践、劳动类课程。经过近几年的实践和完善，目前已经开设了“运河农场”“蚕豆种植”“运河草编”“运河小吃”“农家菜制作”“年味时令”“针线技艺”等10多门劳动类课程。

除此之外，我们还在学科教学中将劳动教育有机结合，如在德育、语文、艺术等学科教学中加强劳动观念的教育，树立正确的劳动态度，同时在相关活动中融入劳动实践的内容。

二、实施路径多样化，提升教育实效

陶行知格外重视在劳动中培养学生的创造思维和能力。对于劳动教育的开展，他阐述道：“应该有目的地组织学生参加集体的实践活动和生产劳动，让学生在劳动中体会到思维和行动的力量，由此创造出新的价值。”[5] 在推进劳动教育校本实践的过程中，我们结合运河文化的资源优势，基本形成了以学校劳动课程教学为主阵地、少先队活动为主导、主题活动为抓手的“多路径”劳动教育校本实践模式。

（一）以运河农耕园为阵地，提升劳动课程有效性

“运河农耕园”是我校开展劳动教育实践的主阵地。学校给每个班级划分了自留地，用于种植运河边的传统蔬菜和瓜果、粗粮等。指导老师将学生分类组建种植小组、开设农耕校本课程，创造性地把课堂教学和劳动实践紧密结合起来。每周在固定的时间和孩子们一起走进农耕园，学习种植的相关知识，参与种植过程，体验种植乐趣，提升动手能力。培养学生热爱劳动、珍惜劳动成果的良好品德，在快乐中探究奥秘，在实践中获取真知，从而促进学生的全面发展。

如“蚕豆种植”拓展性课程，以蚕豆种植为主题，包括课堂教学、种植实践、传统食品、故事童趣、综合拓展活动五个模块，涵盖认识蚕豆和蚕豆生长的环境条件、蚕豆种子的播种、蚕豆的管理、蚕豆的收获、蚕豆的营养与保健、童玩童趣等内容。结合课程内容开展课堂教学和种植实践，并设计实践安排表、我的发现记录问题卡和种植日志，让学生记录自己的学习和种植历程。与此同时，结合“运河时令小吃”课程，在种豆的基础上设计并创作出具有现代风格的豆类食品，从而让运河传统蚕豆种植技艺和现代社会相融洽，培养学生的劳动情趣，在传承与发扬传统元素的基础上，提升学校的品位。

（二）以少先队活动为主导，确保劳动实践常态化

在劳动教育校本实践的实施过程中，我们明确了学科教师、班主任和家长的三方主体责任：“劳动与技术”课程老师是教学主体，负责学科教学推进；班主任是劳动实践的落实主体，通过各类班级劳动实践活动，促进学生提升劳动意识、习得劳动技能；从劳动教育的内容设置来看，家务劳动也是关键的环节之一，是劳动素养形成的重要途径，从这个意义上来讲，家长同样承担了劳动教育的责任。学科教师、班主任、家长“三位一体”的协同作用，才能使劳动教育实现时时发生，处处开展，人人参与。

如“一班一品”班级文化主题布置、黑板报教室卫生大扫除是开展劳动教育实践、发挥学生特长、提升动手能力的好机会：队角、宣传栏以及光荣榜的布置、擦墙壁窗户、摆桌椅、整理书柜、清理卫生死角，学生和老师一起，通过自己力所能及的劳动，让教室面貌焕然一新。

在“雏鹰争章”活动中，劳动也是必不可少的评比考核内容之一。每个中队会根据包干区以及教室卫生工作的安排进行合理的分工，确保每人都有劳动任务，真正实现“事事有人做、人人有事做”的良好局面。另外，每天午餐的分发、餐具抬送等也是劳动教育常态化的实践。

（三）以主题活动为抓手，享受劳动实践新成果

为了及时让学生们分享劳动的喜悦，学校结合时令开展各种庆丰收活动。如立夏时节，运河农耕园里豌豆挂牌了，青蚕豆也鼓了起来，野炊活动就拉开了序幕：农耕园里腾起了缕缕炊烟，野火饭香气扑鼻，快乐的歌声响彻云霄；秋虫叽叽，大雁南飞，番薯熟了，少先队拉起横幅，吹起号角，农耕园里的丰收节正式开场：挖番薯、摘玉米、烤番薯……每次小长假，少先队都会布

置有关劳动的实践任务，如洗袜子、做一件家务活、整理自己的房间、尝试做一样美食等，引导学生在家长的帮助和指导下完成劳动实践，从自我做起，从能力范围内的小事做起，积极参加劳动实践。

三、劳动教育结硕果，风景这边独好

在陶行知劳动教育思想的指引下，通过了解传统文化、亲手参与农作物种植实践、品味劳动成果等多样化的活动，学生在接受田园文化熏陶的过程中逐渐学会劳动、喜爱劳动。几年来的校本实践，让劳动教育之花在运河畔结出了硕果。

（一）劳动课程精品化

在推进劳动教育的校本实践过程中，我们积极开展劳动类课程纲要和校本教材的编写，并在教学中进行创造性的实践。继"可爱的运河湾"获评浙江省精品课程后，先后有"运河草编""皮贴画制作""蚕豆种植""运河皮雕"等特色课程获评嘉兴市、桐乡市精品课程。

（二）文艺节目上央视

基于劳动教育的要求，我们以劳动类拓展课程为蓝本，将劳动教育的实践搬上舞台。创作的综合类文艺节目《一堂特殊的课》《运河草编》《蚕豆花开》连续三年获得市级中小学生艺术展演暨迎"元旦"文艺汇演金奖，《运河草编》还登上了浙江省新时代好少年的颁奖典礼，《劳动花开红船旁》登上了中央电视台少儿频道"大手牵小手，我在红船旁成长"庆祝中国共产党成立一百周年特别节目，真正实现了劳动课程有底蕴、有阵地、有教材，不仅进得了教室、下得了田间，而且争得了金奖、上得了央视。

（三）多样活动获嘉奖

我们积极鼓励学生走出校园参与丰富多彩的地方性风俗活动，让运河文化的精神在孩子们心中生根发芽，持续滋润师生的传统文化素养。"运河草编"手工技艺课程登陆了桐乡市互联网学校，面向全市学生授课，还被《清风校园》MV摄制组选为拍摄对象，该视频在中纪委网站展播。"运河皮贴画""运河草编""运河皮雕"等传统手工技艺多次亮相市级青少年嘉年华活动。

劳动教育是教育中的永恒话题。在推进劳动教育的校本实践过程中，我们积极架构、开设运河农耕类课程，突出江南运河农耕文化传承、科普教育的功能，充分挖掘现有的运河地域资源，让传统农耕劳作与学校教育相结合，让运河的农事活动得到传承与发展。经过几年来的校本实践，劳动教育成果已然是姹紫嫣红满园春，风景这边独好！

参考文献

［1］［5］陈梦越，孙邦华．生活·劳动·教育：陶行知劳动教育思想探析［J］．福建教育，2019（6）．

［2］中华人民共和国教育部．大中小学劳动教育指导纲要（试行）［M］.2020.

［3］李珂，蔡元帅．陶行知劳动教育思想对新时代加强大学生劳动教育的启示[J].思想教育研究，2019（1）：109—112.

［4］李向．劳动教育的问题、价值及实现路径［J］．江苏教育，2020（1）．

关于科研骨干教师开展在线教育的现状调查及思考

——以上海市静安区为例

盛影莹

摘　要：本研究以科研骨干教师开展在线教育的现状为视角，通过自编调查问卷，对全区 1370 名科研骨干展开调查，重点考察在线教育对研究品质以及个性化教育的影响。研究结果显示，在线教育的总体状况良好，但还有进一步提升的空间；不同性别、不同学段、不同学历、不同职务职称的教师开展在线教育存在差异；教师引导与家校合作有待加强；教师的循证意识还有待提高。文章提出设计面向不同教师的适宜性任务、探索个性化与差异化的教学路径、激发学生自主与能动的学习热情、提升教师的循证意识及能力等建议。

关键词：科研骨干；在线教育；调查与思考

一、调查背景

时代的发展、技术的进步变革了教育的打开方式。早在 2015 年 4 月，教育部就推出了《教育部关于加强高等学校在线开放课程建设应用与管理的意见》。为深入贯彻落实党的十九大精神，加快教育现代化和教育强国建设，推进新时代教育信息化发展，培育创新驱动发展新引擎，结合“互联网 +”、大数据、新一代人工智能等重大战略安排，国家发布了《国家中长期教育改革和发展规划纲要（2010—2020 年）》《国家教育事业发展“十三五”规划》《教育信息化“十三五”规划》等文件。[1] 如今，网络已成为教育发展的重要平台，信息化已成为教育科研进步的新标志。面向未来，教育工作者必须认清教育信息化的本质，积极寻求智慧教育发展的方向。

后疫情时代，线上线下相融合的混合式教学将是新常态。[2] 然而，笔者在中国知网上以“在线教育”并含“调研”为关键词进行模糊搜索，仅找到文献 11 篇。这表明，未来还需要开展更多的在线教育专题调研，比如探究“互联网 +”个性化教学模式的影响因素，以及这些因素对学生在线学习实际效果的影响等。鉴于此，我们有必要从区域层面探究在线教育与线下教学相融合的良策。从搜集到的资料来看，国内学者对于在线教育研究更多侧重于理论方面，如必要性及策略方法等，且经验性的总结较多，实证性研究相对偏少，特别是基于一个区域对中小幼教师开展在线教育所进行的实证研究更为少见。因此，本调查研究具有一定的理论和现实意义，也是对现实需求的积极回应。

本研究立足于上海市静安区，以科研骨干教师开展在线教育的现状为视角，重点考察在线教育对研究品质以及个性化教育的影响，包括研究选题、研究过程、个性化教学、个性化教育资源、个性化教育评价等。本次调研突出“一线思维”，旨在探寻在线教育对科研的影响及个性化教与学的提升。同时，梳理在线教育中存在的问题，了解教师的困难与需求，并提出对策建议，促进在线教育的优化和改进。为区域教师专业发展和教学实践改善注入新的活力，为静安深化教育个性化的探索与实践注入新的内涵，也为同类区域和学校的研究发展提供参考。

二、调查过程

（一）调查对象

调查采用网络方式，对区域内各中小学、幼儿园及其他教育单位的所有科研室主任及科研骨干进行调查，共调查教师 1370 人（以有效问卷为准）。其中，男教师 233 人，女教师 1137 人；科研

作者简介：盛影莹，上海市静安区教育学院科研员。

室主任194人，非科研室主任1176人；学历是大专、大学本科、硕士研究生的教师分别为29人、1136人、205人；所属学段是幼儿园、小学、初中、高中的教师分别为389人、297人、285人、399人；职称是高级（或特级、正高）、中级、初级、其他或未评的教师分别为295人、643人、337人、95人。根据学校规模，我们在各校选取科研骨干6—8人，并注意被调查者在性别、年级、学科、教龄、职称等方面的覆盖面。

（二）调查方法、工具与内容

在问卷编制初期，我们对在线教育、个性化教育等相关文献进行搜集、学习与讨论，把握核心概念的内涵与本质。在深入讨论、教师访谈以及征询专家意见的基础上，拟定了本次专题调研的调查框架，详见表1。

表1 在线教育专题调研的调查框架

一级指标	二级指标	要素与观测点
总体状况	认同度	学校及教师对在线教育的认识和态度
	有效度	学校及教师开展在线教育的有效性
对研究品质的影响	研究选题	教师在研究选题、资料搜集上的新思考
	研究过程	教师在研究方法与过程方面的进步
	研究总结	教师在科研成果推广上的典型经验和创新做法
	研究素养	教师在反思能力、思维水平等方面的提升
对个性化教育的影响	个性化学习	学生个性化学习意识和能力提高情况
	个性化教学	教师个性化教学水平的提升情况
	个性化教育资源	个性化教育资源的开发与运用情况
	个性化教育评价	个性化教育评价的发展情况

在试测之后，为进一步考察问卷的质量，我们对问卷进行信效度分析。探索性因素分析发现、筛选后，问卷最终保留4个因子，27个题项，分别命名为总体影响、认识态度、对个性化教学的影响、对科研的影响。利用SPSS（24.0版）对全样本中的个案标识号为奇数的样本作探索性因素分析，KMO为0.970，显著性小于0.001，累积方差解释率为77.448%。因素负荷在0.557到0.798之间。利用AMOS（24.0版）对上述探索性因素分析得到的结果进行一阶验证性因素分析，用全样本中的个案标识号为偶数的样本作验证性因素分析。一阶模型拟合指标如表2所示。

表2 一阶验证性因素分析拟合指标

拟合指数	x^2/df	RMSEA	GFI	AGFI	CFI	NFI	IFI	RMR
数值	8.275	0.103	0.756	0.710	0.889	0.876	0.889	0.043

信度分析表明，各个因子的信度水平（α系数）都比较高，四个维度的α系数在0.894—0.962之间，总问卷的α系数为0.978。表明问卷具有足够的信度、内容效度和结构效度。

（三）数据统计与处理

在回收问卷之后，我们运用SPSS（24.0版）统计软件对所获得的调查数据进行整理和统计。

三、调查结果

（一）科研骨干教师开展在线教育的总体状况

调查结果显示，本区科研骨干教师开展在线教育的总体状况良好。各维度的均分在3.45—4.05之间，处于中等到较好的水平。其中，总体影响的得分最高（4.05），其次是对科研的影响（3.97），认识态度的得分最低（3.45），还有一定的提升空间，详见表3。

表 3 科研骨干开展在线教育的总体状况

维度	总体影响	认识态度	对个性化教学的影响	对科研的影响	总体
均值（M）	4.05	3.45	3.87	3.97	3.87
标准差（SD）	0.79	0.93	0.82	0.78	0.75

注：本问卷的选项分别为“完全不符合”“基本不符合”“一般”“基本符合”和“完全符合”（从符合度方面考察）。计分分别为 1、2、3、4、5。此处均值为教师所选选项分值的总平均分，下同。

（二）科研骨干教师开展在线教育的差异状况

1. 女教师在各维度上的评分均高于男教师

本次调查样本中的男女教师数量比例为 1∶5 左右，男教师明显较少。不同性别的教师在总体影响、认识态度、对科研的影响以及总问卷上存在极其显著差异，在对个性化教学的影响上存在非常显著差异。其中，女教师在各维度上的评分均高于男教师，详见表 4。

表 4 不同性别教师的差异情况

维度	男	女	*T*	*p*
总体影响	3.80（0.84）	4.10（0.77）	−5.306	.000
认识态度	3.23（0.95）	3.50（0.92）	−4.121	.000
对个性化教学的影响	3.73（0.87）	3.90（0.80）	−2.876	.004
对科研的影响	3.80（0.81）	4.00（0.77）	−3.508	.000
总问卷	3.69（0.80）	3.90（0.74）	−3.953	.000

2. 小学学段教师在各维度上的评分均较高

分别以总体影响、认识态度、对个性化教学的影响以及对科研的影响各维度的平均分为因变量，以学段为自变量，做单因素方差分析，发现不同学段的教师在各维度上具有极其显著差异。进一步分析发现：小学教师评分最高，幼儿园教师次高，随后是初中教师，高中教师评分最低，详见表 5。

表 5 不同学段任教教师的差异情况

	幼儿园	小学	初中	高中	*F*	*p*	事后检验
总体影响	4.24（0.77）	4.33（0.75）	3.90（0.77）	3.76（0.74）	46.03	.000	2>1,2>3,2>4,1>3,1>4,3>4
认识态度	3.71（0.96）	3.72（0.85）	3.23（0.87）	3.16（0.86）	40.93	.000	2>1,2>3,2>4,1>3,1>4,3>4
对个性化教学影响	4.03（0.82）	4.16（0.73）	3.73（0.78）	3.61（0.80）	35.62	.000	2>1,2>3,2>4,1>3,1>4,3>4
对科研的影响	4.15（0.77）	4.24（0.70）	3.82（0.74）	3.68（0.76）	45.07	.000	2>1,2>3,2>4,1>3,1>4,3>4
总问卷	4.06（0.76）	4.15（0.66）	3.72（0.71）	3.59（0.72）	48.80	.000	2>1,2>3,2>4,1>3,1>4,3>4

注：1. 表中列出了任教不同学段的教师群体在各维度上的平均分，括号内为标准差。2. 在事后检验中（用 LSD 法，以下同），1、2、3、4 分别代表以下各组：幼儿园、小学、初中、高中。所列出的信息表示相应组别之间存在显著性差异，下同。

3. 大专学历教师在个别维度及总问卷上的评分较高

因变量同上，以学历为自变量，进行单因素方差分析，发现不同学历的教师在总体影响、认识态度以及总问卷上有非常显著差异。进一步分析发现：大专学历教师评分较高，其次是本科学历教师，最后是研究生学历教师，详见表 6。

表 6　不同学历教师的差异情况

	大专	本科	研究生	*F*	*p*	事后检验
总体影响	4.34（0.70）	4.07（0.80）	3.88（0.77）	7.16	.001	1>2,1>3,2>3
认识态度	3.82（0.89）	3.47（0.94）	3.29（0.84）	5.71	.003	1>2,1>3,2>3
对个性化教学影响	4.10（0.71）	3.88（0.83）	3.82（0.78）	1.57	.209	无
对科研的影响	4.17（0.78）	3.97（0.78）	3.91（0.80）	1.55	.213	无
总问卷	4.12（0.69）	3.88（0.76）	3.78（0.72）	3.07	.047	1>2,1>3,2>3

注：1. 表中列出了不同学历教师群体在各维度上的平均分，括号内为标准差。2. 在事后检验中，1、2、3 分别代表以下各组：大专、本科、研究生。

4. 未评职称的教师在各维度上的评分均较高

因变量同上，以职称为自变量，做单因素方差分析，发现不同职称的教师在总问卷以及各个维度上均有极其显著差异。进一步分析发现：其他或未评职称的教师评分较高，而中学高级（或特级或正高）教师较低，详见表 7。

表 7　不同职称教师的差异情况

	中学高级（或特级、正高）	中级	初级	其他或未评	*F*	*p*	事后检验
总体影响	3.91（0.77）	4.03（0.80）	4.17（0.78）	4.22（0.82）	7.20	.000	4>1,4>2,4>3, 3>1,3>2,2>1
认识态度	3.22（0.83）	3.42（0.93）	3.65（0.95）	3.70（0.90）	13.99	.000	4>1,4>2,4>3, 3>1,3>2,2>1
对个性化教学影响	3.73（0.80）	3.84（0.80）	4.01（0.83）	4.06（0.81）	7.97	.000	4>1,4>2,4>3, 3>1,3>2,2>1
对科研的影响	3.78（0.77）	3.92（0.76）	4.14（0.78）	4.24（0.79）	16.59	.000	4>1,4>2,4>3, 3>1,3>2,2>1
总问卷	3.70（0.72）	3.83（0.74）	4.02（0.76）	4.09（0.76）	13.29	.000	4>1,4>2,4>3, 3>1,3>2,2>1

注：1. 表中列出了不同职称的教师群体在各维度上的平均分，括号内为标准差。2. 在事后检验中，1、2、3、4 分别代表以下各组：中学高级（或正高或特级）、中级、初级、其他或未评。

5. 科研主任在除认识态度之外的各维度上评分较高

调查结果发现，除了认识态度之外，教师是否担任（过）科研主任在其他各维度上存在非常显著差异，科研主任的评分明显较高，详见表 8。

表 8　是否担任（过）科研主任的差异情况

维度	科研主任	非科研主任	*T*	*p*
总体影响	4.21（0.78）	4.02（0.79）	3.116	.002
认识态度	3.57（0.96）	3.43（0.92）	1.957	.051
对个性化教学的影响	4.09（0.83）	3.84（0.81）	4.015	.000
对科研的影响	4.12（0.77）	3.94（0.78）	2.877	.004
总问卷	4.04（0.76）	3.84（0.75）	3.455	.001

（三）在线教育的具体状况

1. 各题项的平均得分

调查结果显示，总体影响各题项的平均分在 3.74—4.22 之间，均分较高的是“教学资源的整合及运用、教育教学技能的提升”，均分最低的是“师生沟通与互动”。认识态度各题项的平均分在 3.33—3.70 之间，均分较高的是“在线教学提高了教师的教学实效”。对个性化教学影响相关各题项的平均分在 3.70—4.16 之间，均分最高的是“学校鼓励教师根据学生实际开发和应用个性化教学资源”，均分最低的是“在线形式能更好地促进学生的自主学习意识”。对科研影响相关各题项的平均分在 3.84—4.05 之间，均分最低的是“在线教育促进了研究证据的获得与分析”。

2. 各题选项的百分比

在总体影响方面，有 73.3% 的教师认为在线方式提升了学校教育教学管理的有效性；84.1% 的教师认为在线教育有利于教学资源的整合及运用；84% 的教师表示在线教学促进了教育教学技能的提升；60.7% 的教师表示在线形式增进了师生的沟通与互动，详见图 1。

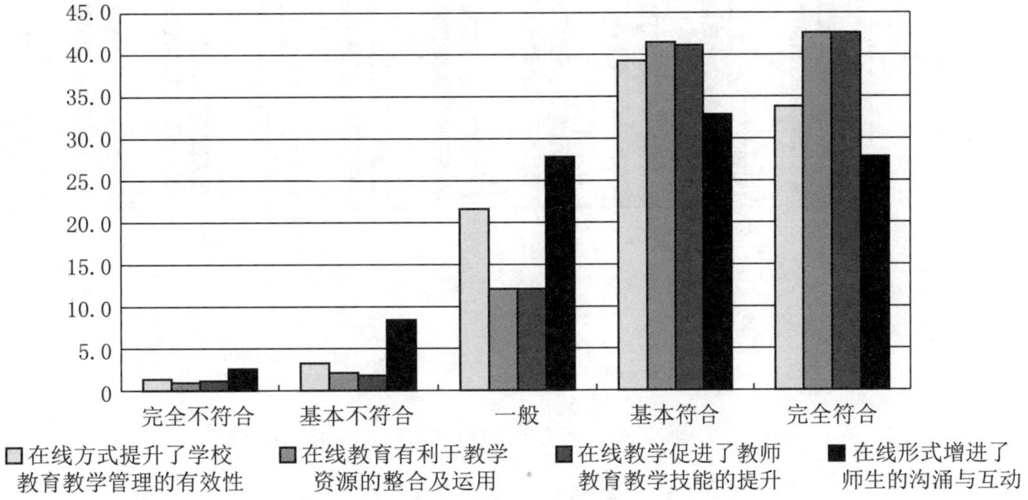

图 1　总体影响的选项百分比

在认识态度方面，有 59.3% 的教师认为在线教学提高了教师的教学实效；41.7% 的教师认为在线教学提高了学生的学业质量；48.2% 的教师表示在疫情结束后依然愿意开展在线教学；43.6% 的教师表示在疫情结束后，学生依然愿意参与在线学习，详见图 2。

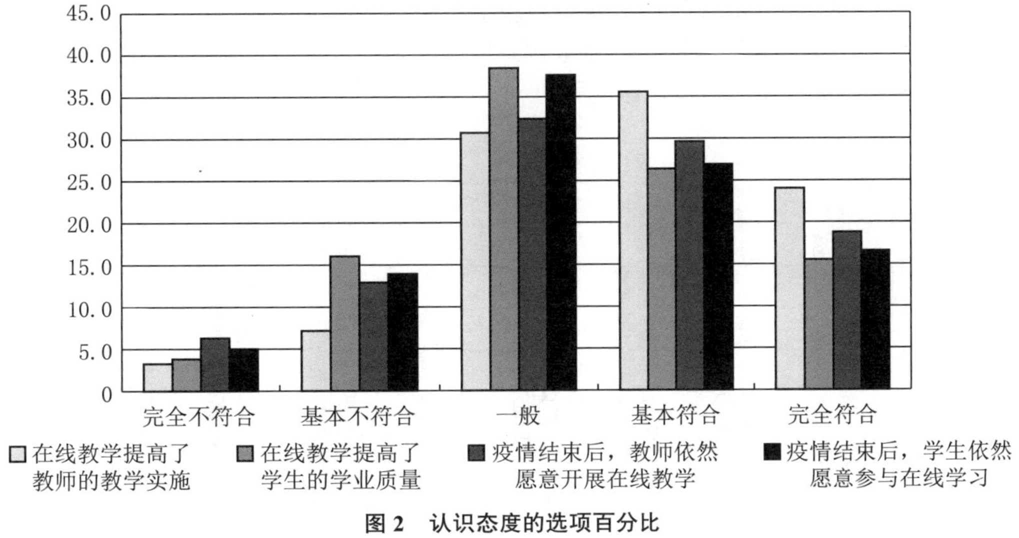

图 2　认识态度的选项百分比

在对个性化教学的影响方面，有 80% 的学校鼓励教师开发和应用个性化教学资源；有 73.9% 的教师认为在线教学丰富了学生个性化学习的方式；72.8% 的教师认为在线教学有利于学生获得适合自己的学习资源；69.6% 的教师表示在线形式拓宽了学生交流互动的路径；68.2% 的教师表示在线教学中，选择或开发了关照学生差异的资源；65.1% 的教师认为在线教育对学校的个性化教育实施有帮助；64.2% 的教师认为在线教学有利于学生的个性化学习；64% 的教师认为在线教学有利于对学生开展个性化的评价；62.2% 的教师认为在线教育促进了学生的个性化成长；59.1% 的教师认为在线形式能更好地促进学生的自主学习意识，详见图 3。

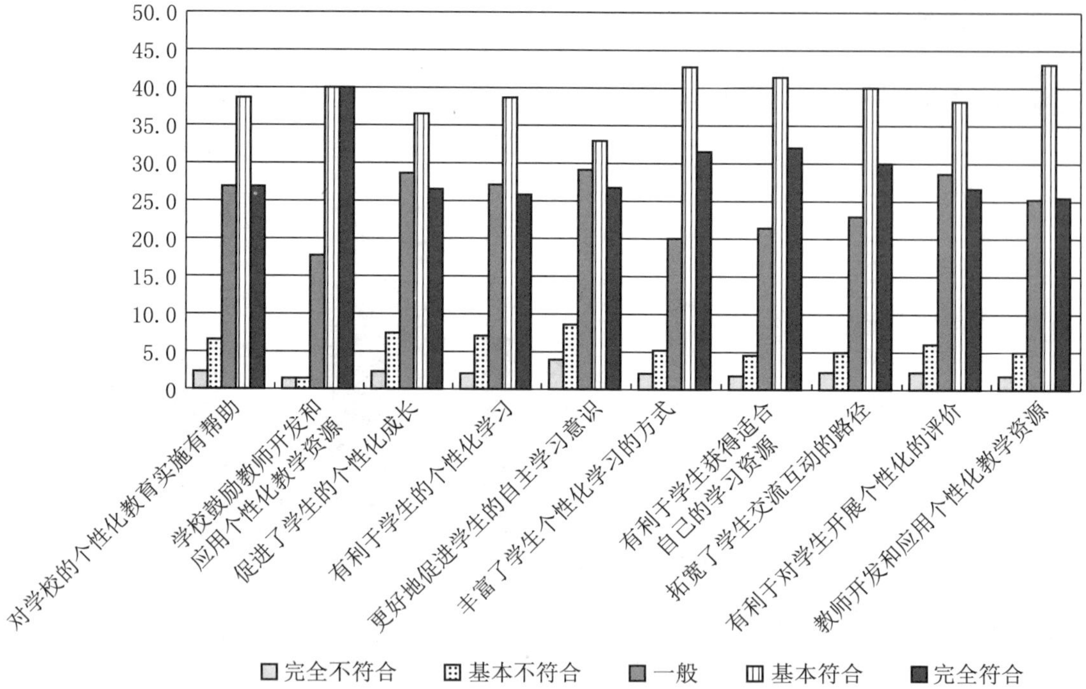

图 3 对个性化教学影响的选项百分比

在对科研影响方面，有 76% 的教师表示用于思考研究的时间相对多了，认为在线教育拓宽了科研选题的范围和视角；75% 的教师表示在线教育增加了科研方法选择的多样性；74% 的教师表示在线教育提升了教师的研究素养，包括资料搜集分析、反思等；71% 的教师认为在线形式使科研成果的辐射更加便捷了；69% 的教师表示在线期间增加了对文献的关注与应用；68% 的教师认为在线教育提升了研究过程的科学性、严谨性，创新了科研成果提炼与经验总结的方式；63% 的教师认为在线教育促进了研究证据的获得与分析，详见图 4。

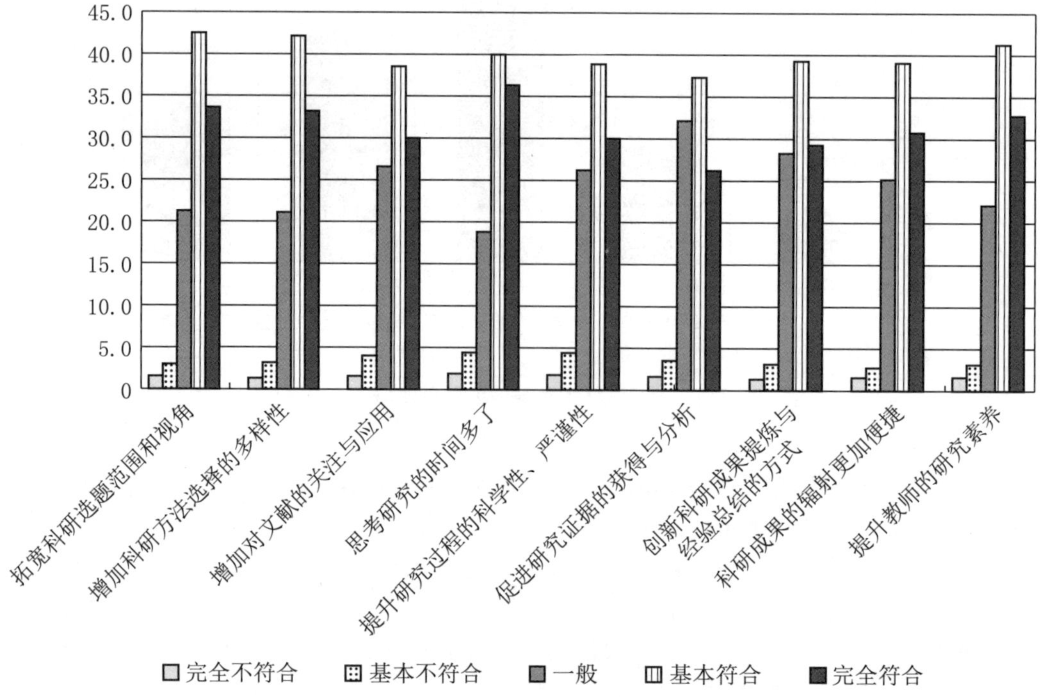

图 4 对科研影响的选项百分比

四、分析与讨论

（一）在线教育实施的总体状况良好，不同教师之间存在差距

本次调查问卷的总平均分为 3.87 分，总体属于中上水平。此结果在一定程度上反映了疫情防控背景下，区域学校和教师对在线教育的切实关注与行动成效。在性别方面，女教师在各维度上的得分均高于男教师，可能由于女教师在学校承担了较多的教学任务。在学段方面，小学教师的得分最高，究其原因，小学教师队伍相对年轻且无升学考试压力，有更好的精力也更容易接受新的教学形式。在学历方面，大专学历教师在总体影响、认识态度以及总问卷上的得分较高，该部分教师只占到样本总数的 2.1%，今后还需进一步考察其在本区任职的学科以及教龄、职称等具体情况，再综合各维度的指标数据展开精准分析。在职称方面，中学高级（或特级或正高）教师在总问卷及各维度上的得分反而最低，可能因为这部分教师拥有丰富的教学经验，对在线教育开展成效的期望值相对也较高。

（二）从促进学生的个性化发展来看，多元化的需求有待满足

自“十二五”起，静安区便将个性化教育作为引领区域教育发展的主攻方向，广大基层学校从不同领域、不同视角、不同主题进行了执着追求和艰辛探索，积累了一些独特做法和成功经验。过去开展的一项有关教师“个性化教育”观念和行动的抽样调查结果显示，骨干教师对“个性化教育”和区域性研究的知晓度与认同度都达到了 100%。静安作为一个发达城区，高素质的家长、白领人士等对教育必然提出了更高的要求。面对静安学生、家长对教育高品质、个性化的需求，在线教育又该如何回应，还有待进一步深思。

（三）从提高学生的自主学习能力来看，引导与合作有待加强

教育所关注的是“人的潜力如何最大限度地调动起来并加以实现，以及人的内部灵性与可能性如何生成”[3]。所谓“自主学习”不是简单地让学生自学，而是学生在教师指导下开展积极主动的学习、有思维的学习。基于此，教师需要依据在线教学的特点，关注学生学习的过程，关注到各类学生的差异，采取多种途径加强学习指导，激发学生学习的内驱力与积极性。同时，家长也要充分信任、积极支持和配合在线教育工作，家校共同营造良好的教学氛围，才能共同为学生的身心健康和自主发展保驾护航。

（四）从推动教育科研水平提升来看，教师循证能力有待提高

调查发现，在对科研影响的相关各题项中，均分最低的是“在线教育促进了研究证据的获得与分析”。究其原因，可能是因为教师习惯基于经验和事件的主观感受来改进教学，用经验说话，用事件说话，证据意识相对缺乏。进一步分析，还可能与以下因素有关：教师缺乏相关的循证知识；在线教育中开展循证实践的时间有限且难度较大；缺乏循证的专业教材和学习资料；缺乏专家指导和实证资源等。

在过去的传统教学实践中，教师以及准教师往往沉浸在经验层面，根据自己或他人的经验指导教学，具有一定的主观性。在线教育带来了新的教学模式和研究氛围，如何更好地实施个性化教与学，如何建立更加完善而有效的网络科研机制等，都是迫切需求解决的新问题。教师循证意识的强化及循证能力的提升，不仅是教育实践发展的需要，也是学术研究深化的需要，同时，还为个性化教学的深化发展提供新支持与新对策。

五、结论与建议

（一）结论

1. 区域中小幼教师开展在线教育的现状总体良好，但还有进一步提升的空间。在四个维度中，认识态度维度得分最低，总体影响维度得分最高。在总体影响方面，师生沟通与互动的得分相对较低。在认识态度方面，仅有不到一半的教师表示在疫情结束后依然愿意开展在线教学。在对个性化教学影响方面，均分最低的是在线形式能更好地促进学生的自主学习意识。在对科研的影响方面，均分最低的是在线教育促进了研究证据的获得与分析。

2. 不同性别、不同任教学段、不同职称的教师在各维度上均存在显著或极其显著差异。其中，女教师的评分高于男教师，高中学段教师的评分较低，中学高级（或特级或正高）教师在各维度上的评分较低。不同学历的教师在总体影响、认识态度以及总问卷上存在非常显著的差异。其中，研

究生学历教师的评分较低。

（二）建议

根据本次调查结果以及相关讨论分析，我们对在线教育的优化、改进，提出如下建议：

1. 设计面向不同教师的适宜性任务

通过调研走访，我们了解到，在线教学的合理应用和价值最大化已然成为一线教师的最大需求。例如，有老师提到，一个人兼顾教学和监管两部分责任，分身乏术。因此，如何利用好在线教学模式在未来发挥更重要的作用有待深思。为了确保在线教育的质量，吸引教师、学生以更大的热情参与其中，学校可以根据不同教师的实际情况，推选既有较高的教学水平，又有丰富的直播教学经验，同时具备较强的信息技术能力者轮流担任线上任课教师，其他一部分教师可负责教学计划制定、教学资源组织、作业设计与批阅、同步听课及释疑解惑等工作。既要体现学科团队的优势，又要最大程度地提高在线教学效益。

2. 探索个性化、差异化的教学路径

美国学者杜威曾说，只要千篇一律地对待儿童，就不可能建立一个真正科学的教育学[4]。这正反映了教育走向个性化的内在本源和迫切要求。由于网络的开放性和包容性，课程教学质量参差不齐，网络上充斥着各种低质量、内容重复的教学资源[5]。因此，教师在组织和选用各种教学资源时，一定要精心选择，所选资源一定要充分考虑到不同学生使用的适切度、与教学内容的匹配度以及在激发学生学习内驱力与积极性中的作用，鼓励教师根据学生实际开发和应用个性化教学资源。

3. 激发学生自主与能动的学习热情

每个学生都能思考，只要给予空间，每个学生都独一无二。陶行知先生提出过六大解放：解放儿童的头脑、双手、眼睛、嘴、空间和时间，而这些恰恰是教育过程中最容易被忽视的[6]。在线教育中，教师不需时时控制和讲授，而是在学生需要的时候提供指导和帮助，让学生的独立学习与教师的引导性学习有机融合。对于新课教学，建议采用“直播＋资源包”形式，在教学活动过程中可以更好地采用启发、探究、体验等方式，促进学生的自主学习、个性化学习；对于复习课、讲评课等，可以采用录播、微课等方式；对于一些专题性内容，可以提供微视频并放至网络平台，供学生随时按需调阅学习。教师要用有差异的、有针对性的任务设置，激发起不同能力与基础学生的自主与能动的热情，形成积极主动的学习情绪状态。

4. 提升教师的循证意识和循证能力

近年来随着人们对研究指导实践的科学性与有效性需求的不断加强，基于证据的研究和实践已然成为一种新常态。而为了进一步提升研究指导实践的有效性，指导基层单位的教学研究机构作为联系理论与实践的桥梁，更加应该关注证据，关注研究结果的实践与推广[7]。如何根据证据来改进在线教学，进一步提高广大教师循证的意识和能力，这需要区域相关的工作推进机制保障，也需要一定的时间和过程。要想在区域或学校范围内整体推进循证实践，需要多部门的联动与协同。如科研室提供学术支撑与资源建设，培训部门积极宣传与整体培训，教研室立足于循证实践优化指导，德育室通过相关活动促进循证实践在教育活动中的落实，信息中心搭建相关的平台等。

参考文献

[1] 蔡樱. 大数据技术下个性化在线教育互动式教学探索 [J]. 高等建筑教育，2018（4）：131—134.

[2] 冯艳艳. 后疫情时代，教育教学信息化往哪里走 [J]. 中小学信息技术教育，2020，（9）：8.

[3] 雅斯贝尔斯. 大学的观念 [J]. 新华文摘，2001（1）：28.

[4] 夏正江. 一个模子不适合所有的学生，差异教学的原理与实践 [M]. 上海：华东师范大学出版社，2005.

[5] West Darrell M. Big Data for Education：Data Mining，Data Analytics，and Web Dashboards. Governance Studiesat Brookings [R]. Washington：Brookings Institution. 2012：1—10.

[6] 周彦，李亮. 陶行知教育思想述评 [J]. 小学语文教学，2023（7）：16—22.

[7] 徐淀芳. 严格的证据：教学研究进步的核心 [J]. 教育发展研究，2013（2）：1—4.

“双减”背景下延时体育服务对初中生体质影响的实证研究

阴明丽

摘　要：在全面深化教育改革的背景下，国家为有效减轻义务教育阶段学生过重作业负担和校外培训负担，切实提升学校育人水平，出台“双减”政策，规范课后延时服务。文章通过文献资料法、测试法、访谈法、数理统计法等，记录跟踪并分析“双减”政策下学校开展延时体育服务对学生体质健康的影响状况。研究发现，参与延时体育服务学生体重明显下降，BMI指标和体脂率明显改善；学生肺活量、耐力、力量、反应速度素质明显改善，但柔韧素质、爆发力素质提升幅度存在性别差异；学生对延时体育服务课后评价态度积极向上且能主动提出完善服务的意见与建议。

关键词：双减；延时服务；初中生体质

儿童青少年的体质健康是奠定其各项能力发展的基石，关系着未来国民健康水平，更是社会发展、民族兴盛的关键。当前青少年面临着繁重学业压力，疲于奔波在各培训班补课间，其体质健康不得不为文化成绩、学业成绩让路。这导致儿童青少年在学业、身体和心理方面负担均加重，表现为近视和肥胖比例人数显著提升。2021 年，国务院办公厅印发了《进一步减轻义务教育阶段学生作业负担和校外培训负担的指导意见》，相继出台“五项管理”、“双减”政策，明确减轻学生学业和校外培训负担。提出每周实行“5+2”的延时服务，提高服务质量，服务内容除作业辅导外，涉及体育、艺术、阅读等活动，满足学生的个性化、实践化的需求。本文通过校内延时体育服务指导的探索实施，对“双减”背景下初中生体质的影响进行实证研究，以期更好地支持推进延时体育服务，切实提升学生的体质健康水平。

一、研究对象与方法

（一）研究对象

以上海市某公办初中八年级学生作为研究对象，筛选出自愿参与延时服务的 90 名学生（男生 36 名，女生 54 名）作为测试对象，在自愿的前提下进行为期 12 周运动跟踪，了解延时体育服务前后学生身体指标数据变化情况。

（二）研究方法

1. 文献资料法

本文研究参考中国期刊网、中国学校体育网站等国内期刊网站以及相关的学校体育书籍文献资料，为研究过程提供充足理论依据。

2. 测试法

本文主要以运动跟踪方式完成整个实验过程，测试相关指标主要为：身体基本形态指标，包括：身高、体重；身体机能指标，包括：肺活量；身体成分指标，包括：体脂率、BMI；身体素质指标，包括：立定跳远、坐位体前屈、50 米跑、耐力跑、1 分钟跳绳。

3. 访谈法

对参与延时体育服务的学生进行访谈咨询，了解锻炼成效及评价。

4. 数理统计法

所有数据运用 SPSS20.0 进行处理，采用平均数 ± 标准差表示；$p<0.05$ 表示显著性差异，$p<0.01$ 表示非常显著性差异。

作者简介：阴明丽，上海师范大学附属闵行第三中学二级教师。

二、运动跟踪方案设计

运动方案：每周一至周四延时服务时间进行训练，锻炼内容以耐力跑、台阶跳、跳远、跳绳、蛙跳、俯卧撑、波比跳、球类运动等有氧运动为主。

干预强度：以中等运动强度为主。

运动频率及时长：每周四次，每次时间30—40分钟。

恶劣天气在体育馆进行练习，部分项目相应进行调整。

三、"双减"延时体育服务锻炼对初中生体质的影响结果分析

（一）运动跟踪前后身体形态指标变化

身体形态评价指标包含身高、体重项目，是反映学生健康体态程度的重要因素，也是最直观的指标数据。

表1 运动追踪前后身体形态指标统计表

指标	性别	前测	后测
身高（cm）	男	1.66 ± 0.07	1.68 ± 0.07
	女	1.60 ± 0.05	1.61 ± 0.05
体重（kg）	男	57.00 ± 11.21	55.75 ± 9.93**
	女	51.91 ± 6.87	49.26 ± 5.53**

注：* 表示 p<0.05 呈显著性变化；** 表示 p<0.01 呈非常显著性变化。下同。

表1表明经过12周运动跟踪后，经前后测数据对比，男女生组身高变化幅度不大，呈增长趋势，符合青少年正常生理发育规律，无统计学意义。体重数据经前后测对比存在显著性差异（p<0.01），男生体重下降幅度在2.2%，女生下降幅度达5.1%。

由此可见，体重指标对比成效明显，原因在于"双减"实施后，学生课业减少，锻炼时间增加。经过12周规律锻炼，能量消耗会处于较高水平，促进其脂肪燃烧，同时机体代谢率也会提升，从而有效降低体重。

（二）运动跟踪前后身体机能指标、身体成分指标变化

身体成分指标包括体脂率、BMI，其中BMI指标数据作为当前国际通用衡量人体胖瘦程度的判断标准，在评估人体胖瘦等级、健康状态方面具有较强说服力；体脂率指标衡量人体脂肪所占总体重百分比，反映体内脂肪的含量。

表2 运动追踪前后身体机能、成分指标统计表

指标	性别	前测	后测
肺活量（ml）	男	3826 ± 456	4089 ± 453**
	女	3046 ± 413	3218 ± 392**
BMI	男	20.41 ± 2.84	19.65 ± 2.41**
	女	19.71 ± 2.12	18.85 ± 1.72**
体脂率（%）	男	11.05 ± 3.41	10.14 ± 2.89**
	女	10.21 ± 2.54	9.17 ± 2.06**

观察表2发现，三组指标数据均有不同程度的明显提升。在肺活量指标上，男女生各组数据在锻炼后呈上升趋势，男生组肺活量提升比例达6.8%，女生提升比例达5.6%，两者数据变化幅度均达非常显著性的差异（p<0.01）。肺活量作为衡量学生耐力素质状况的重要指标，其结果表明在中等

强度运动负荷且规律性的锻炼频率下可使肺活量得到有效提升。

因此，从与身高、体重指标呈正相关的 BMI 和体脂率指标来看，经过 12 周运动跟踪后，男女生数据均出现明显下降，且 $p<0.01$，呈现非常显著性差异。

（三）运动跟踪前后身体素质指标变化

1 分钟跳绳、坐位体前屈、50 米跑、耐力跑、立定跳远指标是测试学生综合身体素质的重要方式，反映包含耐力、柔韧、速度、爆发力、力量等身体素质状况。

表 3　运动追踪前后身体素质指标统计表

指标	性别	前测	后测
1 分钟跳绳（个）	男	161 ± 25	174 ± 15**
	女	156 ± 24	171 ± 11**
坐位体前屈（cm）	男	11.65 ± 4.60	13.51 ± 3.71**
	女	16.35 ± 6.88	22.23 ± 3.48
50 米跑（s）	男	7.68 ± 0.47	7.58 ± 0.44**
	女	8.56 ± 0.47	8.31 ± 0.47**
耐力跑（min）	男	3.96 ± 0.30	3.92 ± 0.32**
	女	3.62 ± 0.85	3.59 ± 0.33**
立定跳远（cm）	男	215 ± 22	217 ± 23
	女	186 ± 17	192 ± 12**

如表 3 所示，经运动训练前后对比，学生各项身体素质指标得到明显改善。上表数据中 1 分钟跳绳中男生提高幅度达 8.1%，女生提高幅度为 9.6%，均表现出明显差异性。增长较为明显的项目还体现在跑步项目上，包括速度跑和耐力跑。男女生两组跟踪前后差异均呈非常显著（$p<0.01$）。在坐位体前屈项目中，男女生组成绩变化幅度有较明显差异。相对比来看，男生跟踪前后的数据有较大提升且呈现显著性变化（$p<0.01$），原因在于女生柔韧性素质普遍较好，而男生韧带僵硬，柔韧性较差，因此柔韧练习对男生会起到明显效果。结合立定跳远项目分析，男生在下肢力量方面较女生体现出较强爆发力和肌肉力量，因此在该指标数据上，女生跟踪前后数据差异相对于男生则较为明显，呈现非常显著性差异（$p<0.01$）。

由整体结果来看，延时体育服务锻炼对青少年身体素质有较明显的成效，说明合理有效的锻炼可以帮助青少年改善身体状况，提升综合素质运动能力。

（四）体质情况综合分析

数据汇总分析可知，学生在经过延时服务锻炼后，其体重得到明显下降，耐力素质、反应速度等指标得到明显提升。这说明参加延时服务的学生，校内统一规划的训练既提高了其锻炼的实效性，又保证了运动负荷、运动量的锻炼需求，达到"双减"政策下以体育锻炼为手段推动改善学生身心健康水平的目的。

四、参与延时体育服务调查访问结果分析

本课题调查采用网络问卷及随机访谈的形式，以年级为单位对参与延时体育服务的学生进行调查，从其参与延时体育服务的主动性、体验感及项目方式方面进行了解研究。本次问卷共发放 90 份，有效回收 83 份，回收率 92%，为更深入了解延时服务质量与效果，确保问卷有效性，随机访谈 20 位学生，访谈问题与问卷一致。

（一）学生参与延时体育服务的主观意愿程度分析

在参与延时体育服务的主观意愿调查时，笔者设计了与之相关联的 3 个问题，结果如表 4 所示：

表4　参与延时体育服务主观意愿调查表

内容	你是否自愿参与延时体育服务?	
调查人数及比重(%)	是	否
男生(30)	90.5%	9.5%
女生(53)	83.7%	16.3%
总人数(83)	88%	12%
内容	你认为参与体育延时服务是否有必要?	
调查人数及比重(%)	是	否
男生(30)	93.4%	6.6%
女生(53)	88.7%	11.3%
总人数(83)	90.4%	9.6%

由表4可知，在“是否自愿参与延时体育服务”的调查中发现，88%的学生有主动参与的动机，强烈的动机能够直接影响学生参与延时活动的态度和兴趣，并提高锻炼的动作质量。同样，对待“延时体育服务是否有必要性的”问题上，高达近90%的同学们表示赞同，说明总体上学生对体育锻炼的重要性有较清晰的认识。

（二）学生对参与延时体育服务锻炼效果认知度分析

在参与延时体育服务锻炼效果认知度调查时，调查结果如表5所示：

表5　参与延时体育服务锻炼效果认知度调查表

内容	你认为参与延时体育活动对你是否有较好锻炼效果	
调查人数及比重(%)	有	没有
男生(30)	93.4%	6.6%
女生(53)	85%	15%
总人数(83)	88%	12%

由表5可知，88%的学生认为延时活动能够产生较好的锻炼效果，对待延时体育服务具有较积极的态度和评价。除此之外，对延时服务必要性的认识及锻炼效果的认同度，男生略高于女生，参与的积极性也相对较高。

（三）学生参与延时体育服务中倾向投入的锻炼项目分析

在对学生延时服务投入项目调查时发现，学生所选择的项目种类比较丰富，主要以体能素质训练为主，详见表6。

表6　延时体育服务倾向投入的项目调查表

内容	你比较倾向投入延时体育服务中安排的哪些训练项目?(多选)						
调查人数及比重(%)	耐力跑	速度跑	上下肢力量	腰腹力量	柔韧素质	跳绳	跳远
男生(30)	49.6%	23.1%	46.3%	29.7%	19.8%	33%	23.1%
女生(53)	32.8%	12.9%	21.9%	36%	43.2%	43.2%	5.4%
总人数(83)	41.9%	20.4%	33.6%	34.8%	36%	39.6%	14.4%

由以上数据可知，从不同性别上分析，男生较投入的项目为耐力跑、上下肢力量，两项均接近50%，说明男生对充满挑战性、竞争性的项目比较感兴趣；而女生则在跳绳、柔韧素质方面占比高于40%，说明女生不太喜欢竞争激烈的项目，更趋向稳定柔和一些的运动。

（四）学生参与延时体育服务后的体验获得感分析

结合问卷及随机访谈结果，学生对参加延时体育服务的动机表现是积极的，68.6% 的学生认为：延时体育服务的落地在响应国家政策的基础上能够真正让自己强身健体，培养一到两项兴趣爱好。另外，还可提升中考体育技能水平，是一举多得的事情。但中考升学压力也让少数学生产生一定学习焦虑，认为延时体育服务会跟文化课学习时间产生一定冲突。

五、结论与建议

（一）结论

1. 通过 12 周的运动跟踪发现，参与延时体育服务的学生身体形态指标中体重有明显下降，身高变化幅度较小，符合初中生身体发育特点。这说明延时体育服务可有效降低体重，改善青少年超重肥胖形态状况。

2. 参与延时体育服务的学生身体机能、身体成分指标得到明显改善，尤其是肺活量提升较大，BMI 指标和体脂率也呈明显改善。这说明运动干预对降低超重肥胖青少年体脂百分比、促进运动消耗、保持身体健康有积极的意义。

3. 学生身体素质较参与前有明显提升，尤其在 1 分钟跳绳、耐力跑、50 米跑项目方面，其耐力、力量、反应速度等素质能力得到明显改善，但代表学生柔韧素质、爆发力素质的坐位体前屈、立定跳远项目增长幅度却存在性别差异。这说明规律且稳定高效的锻炼能够增强学生的运动能力，在提升学生身体素质的同时，激发学生的运动积极性，养成良好的运动习惯。

4. 初中生对参与延时服务的态度积极向上，有较强烈的主观意愿度，锻炼动机认知清晰明确。同时，能主动提供完善意见与建议，推动延时体育服务更好开展。

（二）建议

1. 针对目前延时体育服务活动现状来看，学校需逐步研制完善延时体育服务标准，丰富服务内容，改善训练手段。

2. 遵循"兴趣导向"原则，避免内容设计单一。筛选学生乐于参与的运动项目，结合本校体育资源确定服务内容并动态监控运动情况，最大限度实现延时服务内容与青少年需求相契合，实现体育育人功能。

3. 建立"评估—干预—再评估"的体质跟踪训练模式。延时体育服务是传统教学结构外的身体活动锻炼，因此根据校内的体质健康评估结果，进行个性化健康促进设计，可将延时服务分为有氧耐力类、速度爆发类、运动技巧类、球类等，满足不同学生的体育需求。

4. 向家长定期推送学生阶段性体质健康可视化数据与参与体育服务后的心得。帮助家长了解学生在校参与延时体育服务的安排与成效，提升家长对学校健康促进工作的了解及认可度。

新时代背景下学校德育顶层设计的实践研究

朱　萍　王　靖

摘　要： 作为一所以“行知”命名的学校，行知外国语学校积极探寻陶行知教育思想与新时代教育的结合点。文章基于实证研究结果，全面阐述学校德育顶层设计基本策略：整体性策略、层次性策略、生活性策略与实践性策略；架构学校“行 +”德育体系，包括目标与内容体系、课程与资源体系和评价体系；总结出学校始终将德育为先的理念作为发展指南、始终将陶行知教育思想作为学校发展的传家宝等宝贵经验。旨在通过系统研究，凸显“行”文化核心，开拓学校发展的“行知说”。

关键词： 陶行知思想；学校德育；顶层设计

一、研究背景

2017 年 10 月，中国共产党第十九次全国代表大会上，习近平总书记作了题为《决胜全面建成小康社会　夺取新时代中国特色社会主义伟大胜利》的十九大报告，提出了中国发展新的历史方位——中国特色社会主义进入了新时代。在新时代新征程上，党和国家对教育提出了新要求，对青少年关键能力与必备品格的培养要求也发生了变化，新高考、新中考政策也相继出台。

对于行知外国语学校这所全新的九年一贯制学校来说，高起点、高质量办学，是机遇也是挑战。如何基于学校办学理念和培养目标，在传承行知先生教育思想的同时，从学校层面上系统考虑德育目标与内容、课程与资源以及评价等环节要素的关系及作用，注入育人价值，系统构建学校德育工作体系。落实立德树人的教育根本任务，成为学校工作的重点。

二、研究目的与意义

（一）研究目的

通过研究，探索学校基于陶行知思想进行德育顶层设计的基本策略，形成科学化、系统化的学校管理模式；架构基于陶行知思想的、适合学校的德育体系，将党和国家的教育方针在基础教育阶段学校充分落地；切实增强学校德育工作实效性，促进学生德智体美劳的全面发展，培养学生健全的人格。

（二）选题意义

1. 学校德育是国家发展的需要。我国学校德育工作有着深厚的文化积淀，党和国家对学校德育工作高度重视和支持。政府先后颁布了《公民道德建设实施纲要》《关于进一步加强和改进未成年人思想道德建设的若干意见》《社会主义核心价值体系融入中小学教育全过程指导纲要》等；2017 年 8 月，教育部颁发《中小学德育工作指南》，这些都为学校德育工作指明了方向。学校要落实立德树人根本任务，培养德智体美全面发展的社会主义建设者和接班人。

2. 德育顶层设计是时代发展的需要。习近平总书记曾指出：“基础教育是立德树人的事业，要旗帜鲜明加强思想政治教育、品德教育，加强社会主义核心价值观教育，引导学生自尊自信自立自强……”国发展进入日新月异的新时代，学生的培养也正朝着多元化、国际化的方向发展，如何既牢记传统又兼具国际化视野，是各类学校德育工作的新挑战。因此，加强顶层设计，实施整体推进，是在党的精神指引下谋划德育工作新格局的迫切需要。

3. 德育顶层设计是学校自身发展的需要。我校是一所新兴的九年一贯制学校，围绕学校办

作者简介： 朱萍，上海市宝山区行知外国语学校校长，特级教师；王靖，上海市宝山区行知外国语学校副校长，高级教师。

学理念和培养目标进行德育顶层设计，对于未来学校各育的融合，学校文化特色的创建，学校管理水平的提升，教师育人水平的提高，学校各类工作的科学有序推进，都有着重大的意义。特别是作为一所以“行知”命名的学校，如何将陶行知教育思想融入学校的各项工作之中，使之成为引导学校健康、快速、品牌发展的宝贵财富，是学校需要思考的命题。

三、研究结果

（一）探索学校德育顶层设计基本策略

1. 整体性策略。立足于我校未来发展的定位，从我校中小学生的德育目标、内容、资源、途径等进行全方位、综合性的改革探索，面向我校一到九年级全体学生整体实施。

2. 层次性策略。德育是贯穿于人的一生的养成性活动，但是，根据青少年品德发展的基本规律，在青少年不同年龄的成长阶段有其不同的“最佳契机”。如何根据儿童与青少年品德发展规律，在课题研究的前期思考、设计和后期学校教育实施的整个过程中，都坚持和体现学生品德教育的层次性，这也是体系实效性的重要保证。

3. 生活性策略。课题研究从思考设计到教育实施的各个环节，都始终坚持真正从学生的生活出发，即“来自于社会规范要求，行之于日常生活”。坚持以社会主义核心价值观为引领，根据公民基本道德规范和要求，整体设计和建构我校德育工作，凸显德育在学生社会化进程中社会道德养成和健全人格发展的价值追求。

4. 实践性策略。让学生在生活中实践、体验、感悟、学习、养成，是课题研究实践的根本。公民的道德规范，是学校公民教育最基本的德育内容和要求。围绕人的生活成长过程，形成中小学生道德学习和养成最基本的学习平台。因此，通过生活中的实践活动，有效实现道德学习和养成，坚持整个过程中的实践性是课题研究实效性的基础性保证。

（二）架构学校“行+”德育体系

1. 构建学校“行+”德育目标与内容体系

明确立德树人在学校教育工作中的核心价值和意义，挖掘陶行知教育思想内涵。结合新时代特征，根据《新时代公民道德建设实施纲要》《新时代爱国主义教育实施纲要》《中小学德育工作指南》以及宝山区和我校发展规划的要求推进学校德育的整体目标建设。我们将“健康身心、高尚德行、智慧头脑、审美修养、创造能力”五个育人目标提炼出“善”“思”“健”“雅”“创”五个关键字，分别设计以社会主义核心价值观、理想信念等为主要内容、与目标匹配的德育内容。并在此基础上开展后续师资培训、学生行规教育、心理健康教育、家庭教育指导、校本课程开发、综合实践活动等一系列德育工作。此处以“善”与“健”为例，“行+”德育目标与内容体系具体见表1。

表1 行知外国语学校“行+”德育目标、内容及分年段行规侧重点（部分）

<table>
<tr><th rowspan="2">目标</th><th rowspan="2">总体要求</th><th rowspan="2">教育内容</th><th colspan="4">行规分层实施内容与要求</th></tr>
<tr><th>年级</th><th>侧重点</th><th colspan="2">细化要求</th></tr>
<tr><td rowspan="2">善</td><td rowspan="2">爱党、爱国、爱人民，对祖国、对社会、对长辈、对他人都能怀有感恩之心，为人处世心地善良，诚实守信，清廉正直，在学校、家庭和社会都能参与劳动。</td><td rowspan="2">社会主义核心价值观教育、理想信念教育、劳动教育</td><td rowspan="2">一、二</td><td rowspan="2">尊敬老师，感恩家人</td><td>尊敬老师</td><td>知：老师是自己应该尊敬的人。
行：主动问好；认真听讲；遵守纪律；发言前先举手；进办公室先喊报告。</td></tr>
<tr><td>感恩家人</td><td>知：孝敬父母是做人最基本道理。
行：穿衣、系鞋带、整理书包、背书包、整理书桌等自己的事情自己做；不顶撞家长；对家人也要使用“谢谢”等礼貌用语。</td></tr>
</table>

（续表）

目标	总体要求	教育内容	行规分层实施内容与要求			
			年级	侧重点	细化要求	
善	爱党、爱国、爱人民，对祖国、对社会、对长辈、对他人都能怀有感恩之心，为人处世心地善良，诚实守信，清廉正直，在学校、家庭和社会都能参与劳动。	社会主义核心价值观教育、理想信念教育、劳动教育	三、四、五	诚信不欺，遵纪守法	诚信不欺	知：诚信和不欺骗是为人之本。 行：不说谎话；不弄虚作假；实事求是；有是非观；恪守承诺。
					遵纪守法	知：遵纪守法是每个公民应尽的义务。 行：在学校遵守校纪校规和班规；在家不顶撞家人；学法、知法、守法、用法。
			六、七	承担家务，服务社会	承担家务	知：自己是家庭的一份子，应该共同承担家务。 行：自己的贴身衣物自己洗；自己的空间自己整理；共同的空间帮着整理；餐后收拾餐桌碗筷；定时分类清理垃圾；学会烹饪几道菜肴。
					服务社会	知：作为社会一份子有义务传播爱心与文明。 行：自觉遵守社会公德；积极参与社区实践；热心参与志愿者活动；为所在社区贡献力量。
			八、九	政治认同，人格养成	政治认同	知：四个自信和新时代所赋予的历史使命。 行：热党、爱国，以国为傲；尊重国旗，积极参加升旗仪式等仪式教育；关心重大事件；牢记核心价值观 24 字。
					人格养成	知：健全的人格能引导人迈向正确的方向。 行：从德智体美劳各方面争做合格的初中毕业生，为迈向人生新里程做积极准备。
健	身体健康、精神饱满，善于与他人相处，珍爱自己的生命，心态健康，能够控制自己的情绪保持稳定，做事能够积极进取。	心理健康教育、生命安全教育、卫生习惯教育、体质体能教育	一、二	讲究卫生，懂得自护	讲究卫生	知：良好个人卫生习惯关系着身体健康。 行：不喝生水；不吃腐败食物和垃圾食品；不挑食偏食；勤洗手；勤剪指甲；保持正确读写姿势；认真做眼保健操；不躺着看书、不坐车看书、不在强烈阳光下看书；不乱扔垃圾；衣物整洁。
					懂得自护	知：自护自防自救能力关键时刻能够救命。 行：不跟陌生人走；不吃陌生人的食物；牢记几个紧急电话，如 110、119 和家人电话；遇到紧急情况高声呼救或奔到人多的地方；保护隐私部位；牢记逃生通道。
			三、四、五	积极锻炼，互相帮助	积极锻炼	知：生命在于运动，锻炼可以强健体魄。 行：认真做操；认真上体育课；积极参与晨跑晨练；达成各年级体育课程标准规定的技能；坚持周末与家长一起运动。
					互相帮助	知：个体力量有限，人与人要互帮互助。 行：在学校，当同学在学习上遇到困难时，在自己能力范围内给予主动答疑解惑，或鼓励同学向老师提问；当同学在生活上遇到困难时要尽力去帮助；在家里和社区，当家人和别人遇到困难时，也提供力所能及的帮助。
			六、七	与人合作，悦纳自我	与人合作	知：众人拾柴火焰高。 行：能融入班集体；在小组活动中能融入团体；和同学友好相处；善于听取他人意见，尊重他人；遇到事情能够有商有量，共同解决。
					悦纳自我	知：自己是独特的个体，有优点也有缺点。 行：培养并坚持几个兴趣爱好；每周回顾自己的阶段性收获；正确看待自身优点和不足；不与别人进行无谓的攀比。
			八、九	处事乐观，心态积极	处事乐观	知：乐观是一种向阳的精神态度，使人快乐。 行：在班集体中传递正面的情绪和言论；乐观面对各类挫折，相信自己；用乐观的态度看问题，不慌张不悲观；给自己积极的心理暗示；制定合理的符合实际的目标。
					心态积极	知：拥有积极心态才能简单快乐。 行：在环境中不断调整心态；面对挫折不怨天尤人；遇到困难不气馁；遇到逆境不消极；建立自信；怀有平常心与感恩心。

2. 开发学校“行+”资源体系

以陶先生“生活教育”理论为依据，立足于优良的学校师资和丰富的区域社会教育资源，打造家庭、学校、社会三位一体联动网络，并建立配套德育基地网络。在课程上，根据青少年儿童思想品德发展的基本规律和学校课程推进的可行性，组织相关教师进行校本德育课程编写，同时进行活动课程系列建设。

（1）人力资源方面

师资层面：形成教师主动育德意识，明确“人人都是德育工作者”理念，提升教师专业育德能力，用智慧的思维引领行规与德性的养成；教师发挥各自学科优势，发挥学科独特的育人价值；完善班主任、辅导员、少先队、共青团等相关德育队伍的建设；成立校长领衔的朱萍“慧行家”创新工作室，带领骨干团队进行课题研究；建立“慧行家”班主任工作坊，对德育核心团队进行培训；成立“行 style”青年教师联盟，对青年教师队伍进行多方位打造。

家长层面：打造“领行者”家委会队伍、“护行者”家长志愿者队伍和“育行者”家长微课讲师队伍。三支队伍的组建，带动了制度形成及活动开展，并最终形成具有我校特色的家校合作体制。

社会层面：我校聘请社区派出所警官担任法制副校长，积极主动联系并发展社区青保干部、社工，共建单位校外辅导；推动实践基地志愿辅导员等人员成为我校校外实践活动的支持主体；通过社会人力资源开展各类课程，塑造学生品德。例如聘请校外法制辅导员到校科普法律常识，社工联校项目中宝山区青少年阳光站的社工们定期到校为不同年级的孩子带来不同主题的课等。

（2）场所资源方面

校内：进一步加强校园文化建设，不论是“行思图书馆”还是“行健体育馆”，处处凸显“行”文化；创温馨教室打造班级文化；建“行雅长廊”打造行廊文化；“转角遇到爱”特色区角文化让孩子们流连忘步。学校文化育人浸润无痕，全面渗透。

校外：构建“行健基地”“明德基地”“善思基地”“品雅基地”“乐创基地”的“行+”教育场所整体布局，详见表2进行集体实践活动或亲子实践活动。

表2 “行+”教育场所整体布局

基地类型	场所名称（工作中逐步丰富）	基地主要功能（培养指向）
明德基地	周边社区、海警一大队、宝山区交警支队一大队、华山医院北院、上海生活垃圾处理馆……	感恩服务人员，遵守公德，爱护环境，热心助人，热爱劳动。
善思基地	大场镇图书馆、陶行知公园、行知中学、上大附中、自然博物馆、上海玻璃馆、市少儿图书馆……	热爱学习，善于表达，细心观察，分析总结。
行健基地	武术博物馆、上海大学体育学院……	热爱运动，与人合作，懂得自护。
品雅基地	宝山区国际民间艺术博览馆、木文化博览馆、上海东方乐器博物馆、上海大学美术学院……	热爱传统文化，热爱艺术，欣赏并热爱大自然。
乐创基地	上海科技馆、崇明跃进蔬菜基地、上海大学工程学院……	热爱科学，乐于实践，乐于劳动，勇于探索，运用技术。

（3）课程资源方面

在规范化实施国家基础性课程基础上，学校围绕“善”“思”“健”“雅”“创”五大目标打造校本课程共四十余门。其中，学校利用各类场所资源构建“行健基地”“明德基地”“善思基地”“品雅基地”“乐创基地”整体布局，挖掘五个类型基地的不同教育内涵。打造全年段分段实施的《行走的“小行家”——校外场馆实践课程》课程手册，从“知、践、悟、评”四个主题板块，培养学生实践探索的能力，培养“行家精神”，不断丰富“行+”内涵。学校还开发“行创”课程群中的跨学科综合素养课程《假如彩陶会作诗》，并在四五年级实施课程，制作课程手册，录制精品慕课，我们的慕课还入选了“学习强国”平台。

综上所述，“行+”德育资源体系的组织结构详见图1。

3. 初步建立了学校“行+”德育评价体系

结合区“新陶行知”学生发展综合评价项目，通过“小行家成长e站”电子平台的建设，打造全员、全程、全方位对学生评价的载体，围绕“善、思、健、雅、创”五大目标，记载学生日常学习生活的点点滴滴。届时，学生、老师、家长都可以通过多媒体平台进行评价，逐步实现德育评价过程规范化，体系完整化、科学化。小行家成长e站系统框架见图2。

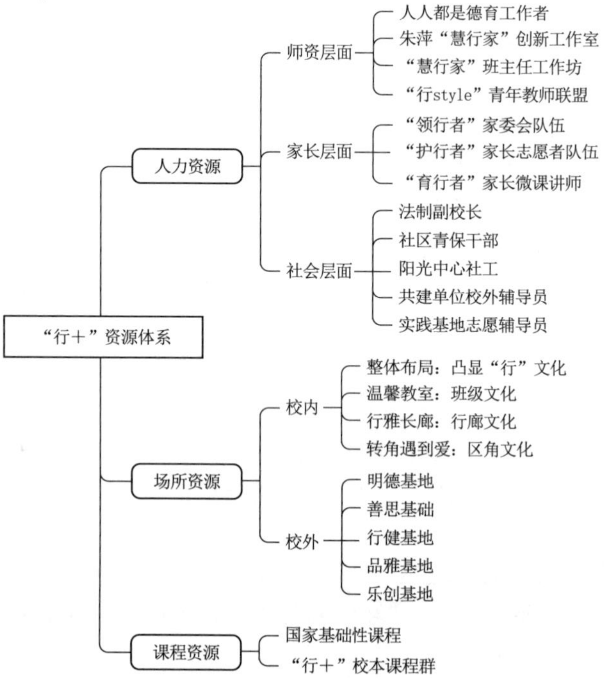

图1 “行+”德育资源体系组织结构

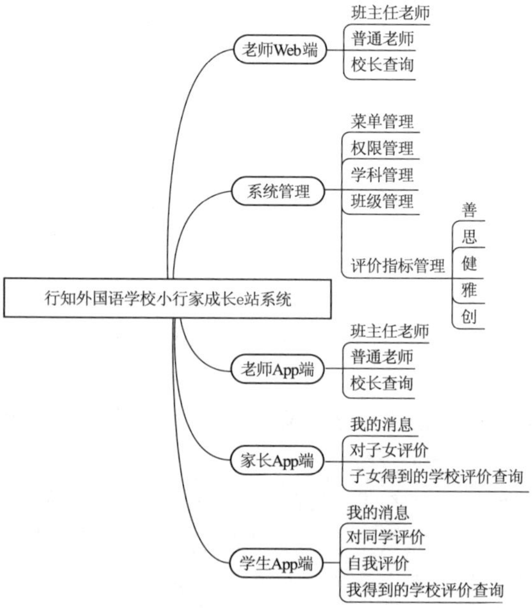

图2 小行家成长e站系统框架图

其中，班主任老师的Web端和App端功能可以对班级任课老师、班级学生进行管理，同时，进行评价管理启动学生互评、家长评价和学生自评功能，围绕“善”“思”“健”“雅”“创”五大目标，评选“行善小行家”“行思小行家”“行健小行家”“行雅小行家”“行创小行家”和“全能小行家”。具体功能如图3所示：

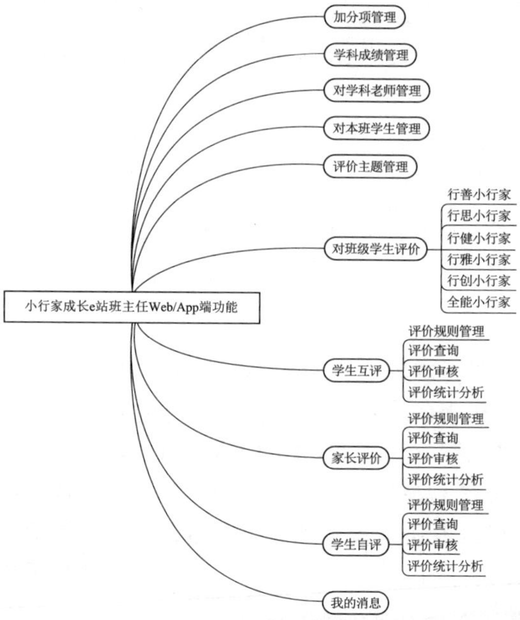

图3 小行家成长e站平台班主任Web/App端功能框架图

其中，“善”“思”“健”“雅”“创”五类小行家与“全能小行家”评比的日常记录，以五大育人目标作为一级评价指标，并根据教育内容设定二级与三级指标，以日常记录评价作为依据。同时，学校“小行家”形象吉祥物已正式亮相，后续将打造“善、思、健、雅、创”五大形象衍生物，设计“校本章”和奖品，用于评价过程中激发学生动力。后期将结合小学生与中学生的心理特点，继续完善评价制度与操作方式。

四、研究的特色亮点

（一）探寻行知教育思想与教育实践同当代教育的结合点

习近平总书记多次强调立德树人是教育的根本任务，而陶行知的真人教育就是立德树人的教育。因此，新时代学习和践行陶行知教育思想，就是要坚持立德树人，培养学生成为人格健全的人。学生要具备适应终身发展和社会发展需要的必备品格和关键能力，其根本就是要有生活力，而生活力正是陶行知生活教育理论的重要组成部分。

（二）渗透行知思想于研究过程，打造体现学校特色的“行知说”

学校在“行知精神”的引领下，积极践行源自办学基因中的“行知”文化及其教育理念体系，传承和发展陶行知先生的教育思想以及富有宝山特色的“行知教育实践经验”，在办学中彰显“行知”文化特色。我们将陶行知的教育思想中的精髓“教学做合一”“生活教育”和“创造教育”思想与学校德育工作融会贯通，构建一套与学校办学理念、育人目标紧密关联的德育体系，实现顶层设计。同时，逐渐明晰了“行”为核心文化的主线，从而打造学校自己的“行知说”。

（三）整体推进中小学德育一体化建设，实现九年无缝衔接

紧紧抓住教育部关于大中小学思政教育一体化的重心，以九年一贯制学校为基础，在充分发挥教师积极性、主动性和创造性的基础上，整体推进中小学德育一体化建设。根据不同学段学生特点循序渐进、螺旋上升地设计德育目标与内容、拓宽德育资源、落实德育评价。从而，将一体化建设举措落到实处，突破了以往九年一贯制学校中小学不同学段德育孤立脱节的瓶颈。

五、研究的主要价值

（一）理论与学术价值

1. 将德育为先的理念作为学校发展的指南针，为党育人，为国育才

习近平总书记要求，“要努力构建德智体美劳全面培养的教育体系，形成更高水平的人才培养体系”。我校以整体构建德育体系为新优质学校实验项目，进行学校德育顶层设计，五育并举，打造“善”“思”“健”“雅”“创”的“行+”体系，为将学生培养成新时代中国特色社会主义建设的接班人而努力。

2. 将陶行知教育思想作为学校发展的传家宝，厚植文脉，传承思想

传承陶行知教育思想，以“教学做合一”思想作为学校发展基本思路。同时，积极探寻新时代背景下，如何更好地传承“真人教育”“生活教育理论”“知行合一”的思想精华，打造学校“行”文化。

（二）实践与应用价值

1. 将师资队伍建设作为学校发展的奠基石，以人为本，德业兼修

我校通过师徒结对、HIH项目、“慧行家”班主任工作坊、“行 style”青年教师沙龙等工作形式与方法，实现教师育人经验与教学水平双发展，打造一支德业兼修的师资队伍。

2. 将家长与社区力量作为学校发展的助推器，三位一体，和谐共育

打造“领行者”“护行者”“育行者”的家长队伍，重视家庭教育指导工作与家校合作。同时，与周边社区及民博馆、图书馆等场馆保持合作共建的良好关系，构建“学校—家庭—社区”和谐关系网，实现对学生的共育。

以“儿童友好”为内核的三角稳态家校社合作模型

刘　岚

摘　要： 高质量的教育需要学校、家庭、社会以尊重和关爱儿童为前提，共同为儿童提供良好的环境和支持，打造儿童友好型教育生态，促进儿童全面健康成长。文章以新知小学为分析对象，阐述学校基于“家校同心、师生同心、生生同心、四方联动”概念，设置“促进教育家长委员会”，形成学校、年级、班级三级联动管理模式，形成“三角稳态家校社合作模型”。同时，以儿童友好的视角分析开展家校社协同育人的影响因素，探寻以“儿童友好”为基准的合作路径和方式，保证协同育人的全面性和系统性。

关键词： 儿童友好；家校社合作；协同育人

2022 年 1 月，《中华人民共和国家庭教育促进法》正式实施，为规范家庭教育指明了方向。高质量的教育需要学校、家庭、社会以尊重和关爱儿童为前提，提供良好的环境和支持，促进儿童能够全面而健康地成长，形成儿童友好型教育生态。

西安市新城区新知小学于 2005 年建校，目前是区域内三所学校组成的一长多校紧密型教育集团。在十余年的家校社协同育人中，我们有一些经验和思考与大家分享，希望能为大家带来一些启示。

一、以校为本，儿童中心，建立模型，传承创新

教育学首先是关系学，家校社的关系是学校一切组织行为的基础。其中，儿童的发展是所有关系的核心和行动目标。

1. 以校为本，实现儿童友好学校的制度化运行

依据家校合作的学校公共关系理论，新知小学坚持学校的主体责任和主导作用，主张要根据学校的教育理念和目标确定家校社协同共育的途径和方式。学校的校徽是一个同心圆和三棱锥，就是基于“家校同心、师生同心、生生同心、四方联动”的理念（见图 1）。

图 1　西安新知小学校徽

新知小学设置学校、年级、班级三级家委会，采用自主申报、教师推荐相结合的方式。校级家委会的名字是“促进教育家长委员会”，由学生代表、德育主任、家委会代表、班主任代表、学科教师代表、社会指导专家组成，制定《西安新知小学促进教育家长委员会章程》，明确成员的职责、义务和权

作者简介： 刘岚，陕西省特级教师，陕西省西安市新城区教师进修学校副校长，陕西省西安市新城区新知小学教育集团总校长，教育部中小学名校长领航工程“刘岚校长工作室”主持人。

利等内容，设立一站四部的组织架构：义工站、宣传部、联络部、活动部、督评部，其中督评部的学生代表数量最多。每个部门都确保有学生、教师、家委、专家四方进行分工合作（见图2）。

委员会各角色分工清晰：学校做出规划，德育主任牵头，一站四部负责人定期从学生和家长中采集建议，在专家的指导下拟定行动方案，形成项目，并以项目管理的方式落地实践；学校对委员会的工作充分授权，由委员会自行管理和督查所有的项目，学校负责进行项目评估和激励。

比如委员会设计的“校服传承”项目，就来自家长们的提议。有的孩子长得快，校服隔年就要买新的，造成了很大的浪费。此项目由活动部和联络部组织义工站进行旧校服的登记、回收、消毒、匹配和发放，督评部负责监督，学校全力支持协助，对捐出整洁校服的家庭进行表彰。

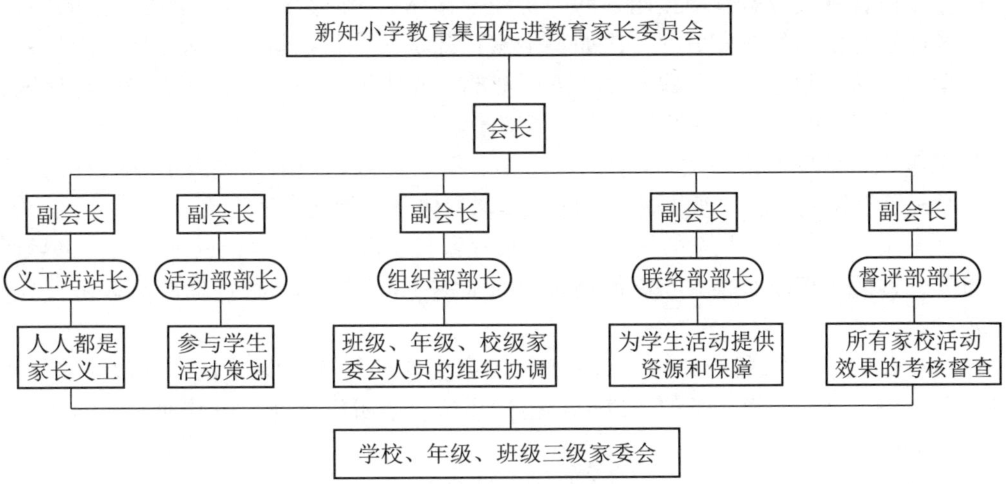

图2　促进教育家长委员会的组织结构

《章程》中有明晰的管理制度，聚焦“促进儿童的教育”的工作目标，系统地、有梯次地开展工作，引领家长和学校的教育同频共振，达到最优化的教育效果。我们发现，只有学校在家校合作中的强势地位弱化，委员会的职能才能发挥得更好。学生作为家校社合作的沟通者、实践者、评估者，他们的参与让“四方联动”更高效、更顺畅。

2. 总结模型，建设儿童友好学校

乔伊斯·爱普斯坦扩展了生态系统理论，提出交叠影响阈理论，认为家庭、学校和社区对学生的发展不是独立的，而是发生了重叠影响。正所谓“养育一个孩子需要一整个村庄”，有组织的管理让交叠影响向着正向积极的方向前进。

新知小学作为管理主体，把“儿童友好”的理念融入协同育人的方方面面。教师们有“五爱”誓词：爱生如人、爱生如生、爱生如己、爱生如友、爱生如子。家长们有“家庭公约”。促进教育家长委员会在合作的中央组织、协调四方的关系，设计、组织开展各种儿童友好的家校社协同育人活动。结合新知小学的理念文化，我们总结出“三角稳态家校社合作模型”（见图3）。

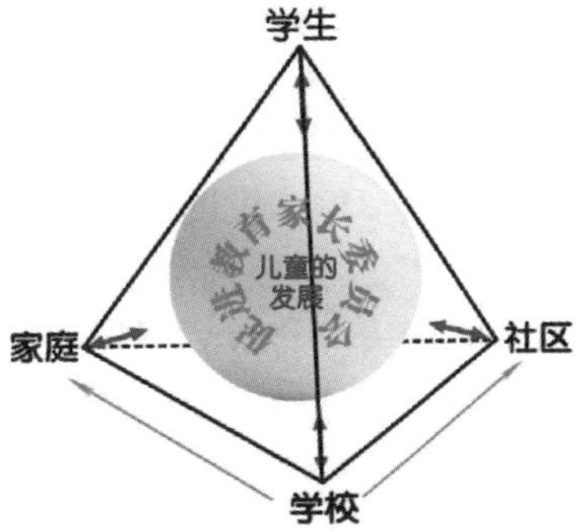

图3　三角稳态家校社合作模型

在这个模型里，以儿童的发展为核心建构四方联动的促进教育家长委员会，为了共同的目标，学生、家庭、学校、社区四方合作。家—校—社，家—校—生，生—校—社，生—家—社，任何一个三角的合作行动都能高效推动协同育人工作。

二、儿童友好，全员参与，多措并举，提升品质

新知小学采用了多种以“儿童友好”为基准的合作路径和方式，保证协同育人的全面性和系统性。

第一，设计以儿童的发展为目的的合作教育事件

家校合作是由各种教育事件串接起来的“实践合作体”，促进教育委员会以学生的成长为目的，设计了各种各样别开生面的教育事件。比如新生家长开学典礼是在新生入学之前，家长入学上的一天课，体验学生的学习和生活，上课发言、下课如厕、喝水游戏……这些真实的体验让家长们明确了孩子在学校的学习流程，既理解了孩子，也了解了学校。

学校特别重视“重要的第一次”：第一次入学、第一次入队、第一次满十岁的成长礼、第一次小学毕业，形成了学校完整的“四礼四节四活动”课程体系，面向家庭开放。

为了让每个家长都能参与儿童的教育，促进教育家长委员会召开“爸爸家长会”，尽量争取更多的爸爸参与。一方面纠正家庭教育“爸爸缺席”的现象，另一方面男性沟通交流起来更理性，有利于工作开展。

“双减”实施以来，学校推行每月一话题的“家庭会议日”、每学期末的“家教问题”调研、“家庭教育漫谈会”等。家长们说：听孩子说说自己的想法，越听越有趣；听其他家庭的教育分享，越听教育思路越清晰。

第二，开设以拓展儿童视野为目的的家长生涯课堂

新知小学依据多元智能理论，设计校本生涯规划课程，邀请家长进入“新知大讲堂”授课。如：《一个好医生能从小开始培养吗》《做警察真酷！》《不当法盲》《大西安的科技味》……学校邀请建筑、中医药专业的家长入校考察后，建起了空中“百草园”种植基地。在家长的支持下，省自然博物馆也为学校捐建了博物馆，命名为“百妙屋”。家长的专业知识和校本课程结合，提升了课程的实施效果，强化了家长的教育角色，把自己对专业的积极体验传递给学生，也拓展了教师的视野，深入了解新时代教育的真正需求。

学校每年的“红领巾小提案”也会邀请相应的专业家长组建起团队给予现场的答复。如：孩子希望学校门外有长凳，方便爷爷奶奶坐着等自己放学。在街道办事处的家长即刻答复：这个提案可以落实。一个月后学校门外就有了长凳。

第三，建设以儿童为中心的家长志愿者服务体系

志愿者家长团队是促进教育委员会众多项目的实施者。学校门口每天的交通安全由志愿者家长轮流值班，护送学生，疏导交通；各种节庆、研学活动的准备、组织、宣传也是志愿者完成的，有家长将志愿者们的故事撰写剧本，本色出演，拍成了微电影，可以感受到志愿者们的投入和热情。学生们评选出优秀的志愿者家长，由学校予以表彰，在榜样带动作用下，越来越多的家长参与到志愿者的行列。

第四，聚焦儿童课余生活的家校网络平台建设

儿童课余生活是家校合作的重要时空。学校建设网络平台，微信公众号每到周五都会有一档内容《食话食说》，引导年轻的父母们学习烹饪，享受生活，保证孩子的膳食健康和饮食安全；在网络授课平台上为每个年级的家长进行亲子阅读培训和云上阅读，在视听网站上设了三个专栏，让善于讲故事的爸爸妈妈们和老师们一起讲故事，做分享和引领等阅读活动，让学校的全科阅读落实得更到位。

第五，建构儿童友好的社区环境建设

新知小学依据生态系统理论设计了社区共育模式。这个“社区”包括学校所在区域能为学生提供教育服务的社区服务中心、博物馆、企业单位和任何其他的可以和家校互动、开展教育的场地。

班级管理中的“管”与“理”

谭金艳

摘　要：班级是学生的家，班级管理是班主任这位“家长”用智慧和温度一手抓细“管”，一手抓透“理”，让每个孩子都能在班集体中获得向上的信心和力量，努力生长，成为最好的自己。文章以笔者担任班主任开展班级管理的工作实践为基础，阐述“管”与“理”的内在含义和关系，探寻班级管理的方式方法和教育智慧。

关键词：班级管理；学生成长；教师发展

好的教育，绝不仅仅只传授知识，还应让每个孩子的天性得到健康生长；好的班级，绝不仅仅只会学习，还能给予孩子健康成长最需要的阳光、土壤。班级管理的根本目的就是营造和谐的氛围，提供优质的阳光与土壤，让学生得到充分的、健康的发展。而要真正达到这一目的，就得从班级的“管”与“理”中下功夫。

一、管与理的含义及关系

管理，顾名思义，就是一要“管”，二要“理”。“管”，有管束、规范之意，是刚性的，是硬约束；“理”，有理顺、疏通之意，是柔性的，是柔中带刚的软推力。

“管”，能体现班主任工作的态度和魄力，从细节入手，决定着工作的广度和宽度；“理”，体现的是班主任老师的智慧和魅力，从情感入手，决定着工作的高度和深度。管与理有效配合，相辅相成，才能事半功倍。

作者简介：谭金艳，重庆市合川区花果小学一级教师。

首先，充分利用社区资源。新知小学的校本课程“读城记”充分进行馆校合作，与省内30多所博物馆建立联系，为多样的行走课程提供实践的场地。师生们协商制定出“穿唐而过”“复活的军团”“虫虫打工记”“火车出发啦”等探索任务群，家长可以带领学生完成有趣的探究任务。

其次，身在社区，反哺社区。新知小学和高校、公益组织和社区合作开启“社区改造”项目，在高校师生的专业指导下，由学生和家长亲身参与社区墙面、地面、公共设施美化和建设，让使用者成为建设者和维护者。学校向全社区的幼儿园开放幼小衔接课程，让家长和孩子们能提前了解小学。周末进行开放的亲子阅读项目。给毕业生颁发新知终身读者证，任何时候他们都能进入学校睿源书房阅读，等等。

借助系统的理论支撑研究和多样化的实践，目前集团学校实施家校社协同育人取得显著成果：“读城记”课程获得省级精品课，课题研究“学校指导服务家庭教育课程研究”获得市级优秀，学校获得“市级家长学校基地校”的称号，社会认可度显著提升。

时代的发展，学生的未来对我们的教育提出了更高的要求。家校社合作的模式和理论研究是一个动态的、不断发展和完善的过程。在未来的实践研究中，我们还要在此基础上，以儿童友好的视角积极开展家校社协同育人的影响因素研究，为建构我国社会主义特色的家校社协同育人教育理论研究打好基础，探索儿童友好型教育生态的形成。

二、“管”——从细处着手

1. 了解细，生生知底细

每接到一个新班，我会让学生填一份问卷，摸清学生的家庭信息（如是否单亲家庭，是否留守儿童，谁负责监管等），了解每个学生的情况，初步了解学生的性格特点。更重要的是，从问卷中分析孩子的自我认可度、对学习的态度，和父母的沟通情况等，并将个人信息记录在册，在后面与学生交流时做到心中有数。

2. 制度细，条条需认同

在详细地了解学生后，我会根据学生的具体情况和本期预定目标，制定出尽可能详细又可操作的班级管理细则，在班会课上一条一条向学生征求意见，学生都同意的细则就保留，没有通过的细则就大家一起讨论完善。这样一来，这些管理细则就是全班同学都认可的，他们也就愿意去执行。

3. 岗位细，个个有价值

有了班级管理细则，还得有人来执行。我向学生灌输的我们不是选干部，而是要征集一批能让我们的学习环境更舒畅、班级事务更有序、集体生活更和谐的为班级服务的队伍，得有服务意识。我向学生公布班级需要的服务项目，让学生根据自己的情况毛遂自荐，可高年级学生开始腼腆，很多不愿意上台，我就改为书面申请。提交申请后，我会细心观察、了解学生的性格特长并结合班级情况分配工作，基本上会让每一个孩子都领到一个岗位，为班级服务。通过服务班级增强学生的归属感，通过集体认可提升自我价值感。

4. 评价细，人人能提升

有了制度和服务队伍，后面就是考核和记录。我们班用“班级优化大师”软件，每天的值日班长记录班级管理日志，实行每日一小结。负责记分的同学在值日班长的通报下自行给同学加减分，根据孩子们的得分情况出台奖惩细则。在优秀班主任的启发下，我将奖励办法偏重精神鼓励，如积分到达一定标准后可和最喜欢的老师合影、教师给学生家长打表扬电话、免去一次作业等。我借鉴重庆巴蜀小学名班主任代老师的理念——“找到每一个孩子的成长起点和需求点，帮助他形成自己的成长轨迹”，出台了我们的学生成长规划。

孩子根据自身的成长需求一月设定一个挑战目标，依据完成目标的难易程度定分值，并选择两人作为自己的联盟人（老师、父母或同学），负责审核目标分值，监督过程，并评定最终是否达标，一月一评，完成效果记录在一学年的成长单上。如果目标完成，获取相应积分，并在下月定新的目标闯关；若没完成，下月继续。这样让每一个孩子都能根据个体差异得到自我提升。

如果说“管”的侧重点在于依托制度，利用权威推动他人，那“理”的侧重点就在于走进内心，利用思想改变他人。

三、“理”——向深处挖掘

1.“理”顺工作心态，积极应对

在班级管理中时常能听到老师们的呼声：工作太累、学生难管。作为老师，都希望所有的学生都是好学生，既不调皮也不玩手机，可这是不可能的。在一堂数学公开课上，孩子们能答对老师的每一个问题，做对每一道练习题，大家会觉得这样的课太假，不真实。很多有经验的老师会把课堂上孩子的错例拿来做教学资源，和正解对比，让孩子深刻领悟对和错。同样的，我们应该承认孩子在成长的过程中是允许出错的。换个角度思考，班主任用积极的心态面对孩子们出现的各种状况，将这些错误变成可利用的教育资源，引导孩子树立正确的人生观、价值观，何乐而不为呢？

2.“理”清教育主体，以退为进

班级是学生的舞台，班主任要向后台隐退，在适当的时候艺术地诚心地让学生感到老师无能为力，最大程度地调动孩子的内在积极性，推动他们自主地向上、成长。我们学校要开展五人制班级足球赛，有一个学生就跑我面前来说：“谭老师，你知道五人制足球赛的规则吗？”我回想着自己电脑里下载的比赛规则，犹豫着问：“怎么了？我不会。”那名学生兴奋地说：“我知道，我回去整理一下，明天给大家讲。”第二天，这个学生全面地给我和全班同学普及了一下足球知识。同学们崇拜的眼神让这个学生整个比赛进程中都劲头十足，最终获得最有价值球员称号。

我们班的早上跑操得到办公室老师肯定，说我们班的队伍最整齐，速度最适中，没有掉队的情况。回到班级，我将老师们的表扬之辞用真诚的语气转达给孩子们，从体育委员、领跑员，到后面的微胖孩子都狠狠地表扬一番，告诉他们你们很棒哦。从这次后，我们班的晨跑从没让我多操心，这就是赏识的力量。

我们要培养的是学生，所以相信学生的能力，舞台留给他们；支持学生的管理，机会让给他们；肯定学生的成果，掌声送给他们；做一个无知、无能、会赏识的班主任。

3.“理”明育人本质，润物无声

我看过这样一则小故事：一位曾在“二战”期间德国纳粹集中营遭受过非人折磨的幸存者，战后辗转来到美国，成为一名校长。每当新老师来到学校，校长都会交给新老师一封信。信中这样写道：“亲爱的老师，我是一名纳粹集中营的幸存者，我亲眼看到了人类不应当看到的情境，我的请求是：请你帮助学生成为具有人性的人。你们的努力绝不应当被用于创造学识渊博的怪物，多才多艺的变态狂，受过高等教育的屠夫。只有在使我们的孩子具有人性的情况下，读写算的能力才有其价值……”

“立德为先，树人为本”，这才是教育的根本任务。在孩子们思想上出现偏差时，应及时引导，帮助他们明辨是非；对优秀孩子不讲特权，对学业不好的孩子，不带偏见，公平公正；晓之以情，动之以理，让最善良、最纯真的人性之光充盈孩子们的心田。好的纪录片可拓宽孩子们的视野，丰富他们的内心世界。孩子们对学习不重视，我推荐他们看过《翻山涉水上学路》，那里面的危险场景让孩子震撼；看《十八岁的流水线》感受青春的无奈；看《无穷之路》珍惜幸福生活的不易；看《中国制造》激发爱国情感……在平时，还积极开展各种班级活动、实践服务活动，培养孩子们自尊、自爱、自强；除了活动育人，我还利用文化浸润人：班风班训，班徽班歌，班级文化墙等，都在潜移默化中凝聚、规范、激励着孩子们塑造人格。

陶行知说：“教育孩子要像屋檐水一样，一点一滴，滴穿阶前石。”我们对孩子的教育就要似水一般无孔不入，如细雨般润物无声，悄无声息、持之以恒地净化学生的心灵，陶冶孩子的情操，达到育人的目的。

4.“理”出自身优势，发挥极致

教育是一个缓慢的过程。如何让这个过程更优雅，在方法上，我们要找准自己的优势，使之成为个人魅力。有的老师有艺术特长，吹拉弹唱，能让孩子膜拜；合川区的名班主任刘德会老师厨艺精湛，她的学生为了能争取去刘老师家做客的机会暗自努力；我们学校的班主任赵婷婷老师擅长烘焙，孩子们吃到老师亲手做的蛋糕能炫耀好久……现在的我们不仅要会教学，还得发展自身优势，并持之以恒地打磨，让优势成为独有魅力。我喜欢讲故事，我常把自己看过的、听过的，身边的具有教育意义的故事讲给孩子们听。

在家长管孩子手机有抵触时，我讲过隔壁班“亲妈和后妈对待孩子玩手机的不同态度”的真实故事：一位离异家庭的孩子亲妈给班主任打来电话，寻求帮助。孩子父亲再婚，有了弟弟，后妈为了不让大儿子调皮捣乱，就给了他一部手机。一个月后亲妈接孩子时，孩子已经机不离手。亲妈带孩子去游乐场玩，孩子没兴趣，吃饭时都不放下手机，亲妈生气，抢下孩子的手机，孩子对着妈妈大吼：“我不喜欢你，你没有阿姨对我好，我讨厌你。”亲妈在电话里声泪俱下，一遍遍地哭诉：“她会毁了我的孩子，我该怎么办？”谁爱孩子，什么是真爱？孩子们在我声情并茂地讲述中陷入沉思。我经常用熟悉的周围人作为故事的主人嵌入，将要讲的道理融入故事中。不仅如此，我们也可利用魔术、笑话等，让老师更具魅力。

总之，好的教育，绝不仅仅是传授知识；好的班级，绝不仅仅只会学习。它是有信仰的班主任，携手一群有信念的科任教师，用智慧和温暖助力着孩子们信心满满地勇往直前。

落实强师计划　打造国培精品

——基于陶行知“教学做合一”的国培计划精品项目创建实践

邹开煌

摘　要： 本文以主要组织者和参与者的身份回顾了福建教育学院2012—2017年实施“国培计划”的全过程，阐述基于陶行知“教学做合一”思想完成“小雪综合实践活动学科”培训项目和建设教师工作坊的策略，总结省级教师教育机构搭建高端培训平台的经验。

关键词： 国培计划；精品项目；工作坊；教学做合一

2019年3月20日，教育部教师工作司下发通知，公布首批“国培计划”精品培训项目。作为项目首席专家，亲历了2012—2017年国培计划的竞标与项目组织实施，体验与感受深刻。我们以陶行知“教学做合一”理论为指导，遵循“在劳力上劳心”“以教人者教己”原理，成功打造教育部首批国培计划精品项目，实现“做第一流培训师”的目标。特采撷福建教育学院小学综合实践活动学科“国培计划”精品培训项目打造过程中的若干花絮，分享笔者“以做事为中心”的国培故事。

一、“国培计划”爱你没商量

福建教育学院综合实践活动团队从2012—2017年先后承办了3类4种“国培计划”项目。根据教育部示范性培训项目匿名评估，2012年首个国培项目得分在73所培训院校和机构中排名第27，位列近前三分之一。2013—2016年连续4年排名取得前三，培训难度最大的2015年专职培训团队项目排名第一（见表1）。

身为项目首席专家兼项目负责人的我，2012—2017年的国培计划实施历程，是我1980年入职福建教育学院以来发挥最佳、取得业绩最优、人生最出彩的六年，也是真正读懂陶行知“教学做合一”方法论精髓，并成功应用实践的六年。由衷感慨：“国培计划”爱你没商量！

表1　2012—2016年教育部国培项目质量评估统计表

序号	年份	项目名称	我院排名	院校总数	文件名称
1	2012	一线优秀教师培训技能提升研修项目小学综合实践活动	27	73	《关于通报2012年“国培计划”——示范性培训项目参训学员匿名评估结果的通知》（教师司函〔2013〕38号）
2	2013	一线优秀教师培训技能提升研修项目小学综合实践活动	2	56	《关于通报2013年“国培计划”参训学员网络匿名评估结果的通知》（教师司函〔2014〕19号）
3	2014	一线优秀教师培训技能提升研修项目小学综合实践活动	3	53	《关于通报2014年“国培计划”参训学员网络匿名评估结果的通知》（教师司函〔2015〕24号）
4	2015	一线优秀教师培训技能提升研修项目小学综合实践活动	5	56	《教育部教师工作司关于通报2015年“国培计划”参训学员网络匿名评估结果的通知》（教师司函〔2016〕14号）
5		专职培训团队研修项目综合实践活动	1	21	《教育部教师工作司关于通报2015年“国培计划”参训学员网络匿名评估结果的通知》（教师司函〔2016〕14号）
6	2016	一线优秀教师培训技能提升研修项目（小学综合实践活动、小学思品、中学生物3个项目）	2	44	《教育部教师工作司关于通报2016年“国培计划”——示范性培训项目绩效评估结果的通知》（教师司函〔2017〕26号）

作者简介： 邹开煌，福建教育学院教授，教育部“国培计划”首批专家、十四五专家，福建省陶行知研究会执行会长兼秘书长，中国教育学会综合实践分会学术委员会委员。

二、陈述答辩与众不同

2012年5月，教育部办公厅颁发《关于公布“国培计划”——示范性集中培训项目培训机构的通知》(教师司〔2012〕6号)，公布了全国90家具有“国培计划”——示范性集中培训项目培训机构名单，福建教育学院顺利入选，与福建师大一起成为福建省仅有的两家具有“国培计划”培训资质的院校。“国培计划”培训机构遴选竞争非常激烈，参与竞标的单位有全国高等师范院校、师范专科学校、教育学院、开设教师教育专业的其他高校，总共179个院校和机构投标竞争，进入面试答辩环节只有120个院校和机构。答辩环节每个单位10分钟，许多高校和机构派出强大竞标团队，校级、院级领导登场表态或解读方案，层次高，重视程度高，必夺中标之势强烈。但在答辩中不少院校参与者并非项目首席专家，面对评审专家的提问，出现答非所问，或张冠李戴，或无言以对，现场气氛比较紧张。

轮到福建教育学院答辩，则全程由我来陈述、解读、回答。做竞标自我介绍时只顺带一句“参与答辩的还有郭春芳院长”，显然要比其他院校陈述答辩更快切入正题，有更多的时间来陈述培训方案、培训条件和优势特点。我是全国教师教育学会综合实践活动学科委员会副理事长，具有12年的全国推进研究经验，在福建培养了一大批优秀骨干教师（包括当时全国少有的综合实践活动特级教师和中小学高级教师），开发了一大批优秀课程资源，出版了一批教材和专著，培育和积累了全国各地特别是福建的优秀案例，还创建了网络平台，上线了《综合实践活动课程概论》《综合实践活动课程理论基础——陶行知教育思想》网络课程。

培训资源多，加之自身的研究成果多、培训经验丰富、学科熟悉，在陈述答辩中显得游刃有余，专家们对我们的培训方案、培训主题、培训目标、培训团队、培训内容、课程设置、培训方式、培训模式给予了充分肯定。特别是把“陶行知教育思想”作为综合实践活动课程理论基础，并开发了内容丰富的网络课程，为培训方案增添了分量。福建教育学院领队郭春芳副院长说，“让会做事的我包场，竞标答辩策略赢得了开门红”。

三、小学科大贡献

福建教育学院郭春芳副院长在《“国培计划”：突破、提升、发展》一文说：“综合实践活动学科虽然是个小学科，但是在邹开煌首席专家的带领下，秉承‘小学科也有大作为’‘小学科也能有大贡献’的坚定信念，在‘国培计划’——示范性集中培训项目培训资质遴选竞争中敢为人先，迎难而上，最终实现了‘国培计划’项目的突破，为学院最终赢得参与国家级培训项目资质作出了重大贡献。”正是由于综合实践活动学科的突破和贡献，为学院拓展“国培计划”项目，提升培训影响力，为促进培训事业发展等方面带来了新的思路、新的机会和新的平台。综合实践活动学科的不懈努力和突出贡献，正是福建教育学院“追求卓越”精神的生动写照。

2012年以来，福建教育学院承办的“国培计划”项目从2012年和2013年各1个、2014年8个、2015年26个，2016年增加到46个。培训人数从2012年的50人，4年之后的2016年增加到4428人，培训经费从2012年的17.5万增加到2016年的1687万，培训人数和培训经费增长近百倍。小学科综合实践活动的开疆拓土，为福建教育学院“国培计划”项目发展、提升发挥了奠基性的作用。

综合实践活动小学科之所以能作出大贡献，与领导的视野、层次及重视是分不开的。当2012年通过竞标获得第一个国培计划项目时，时任党委书记赵素文就对笔者说：“邹教授，一定要把项目做好，做出品牌，要倾全院之力办国培，钱不够，学校贴。”领导的重视、优越的条件保障，为成功打造国培计划精品项目奠定了基础。

四、“国培计划”让我成为“强人”

2015年，福建教育学院通过竞标获得2015年“国培计划”——示范性教师工作坊高端研修“小学综合实践活动”项目，成为语数英等7个学科“教师工作坊高端研修项目”培训基地之一。培训对象为24位工作坊主持人和2400位区县骨干教师教研员，涉及北京、辽宁、河南、河北、重庆、云南、江西、浙江8个省市。

根据教育部《关于组织实施2015年“国培计划”——示范性教师工作坊高端研修项目的通知》（教师司函〔2015〕44号）通知精神，示范性教师工作坊高端研修项目实施时间为2015年8月至2016年10月，工作坊主持人培训时间为期10天，区县骨干教师教研员研修不少于100学时，其中，线上研修80学时，线下研修20学时。

教育部计划工作坊主持人集中培训经费标准为350元/人天，工作坊线上研修80学时经费标准为3元/人学时，而线下研修20学时经费，文件要求“省级教育行政部门安排”。事实上很难落实。

根据长期的中小学教师培训组织实施经历和网络远程教育研究可知，没有线下研修的远程教育或网络研修，效果是不理想的。要到8个省市开展20学时的线下研修活动，必须解决三大问题：一是需有权威机构下发通知，便于学员外出，报销差旅费；二是要有场所开展线下活动，要食宿，要租金；三是要聘请理论专家、实践专家和一线优秀老师开设讲座、示范教学、组织评课议课等。这些都需要经费支持。

为了落实教师工作坊项目目标，做优国培项目，打造国培品牌，我们开始了艰辛的2015年工作坊线下研修筹备工作。首先是工作经费很难落实。有钱要做，没有钱也要去做，是我长期研究与践行陶行知“教学做合一”理论的做事原则。陶行知“以做事为中心”“在劳力上劳心”“以教人者教己”的理念、原则，促使我寻找解决教师工作坊线下研修开展困难的突破点。

首先是通过情怀感动，获得浙江、辽宁、河北、江西、重庆等省市国培办大力支持下发通知。

二是发挥工作坊坊主作用，如北京教育学院黑岚教授、河北邢台学院张运法教授、云南省教科院（昆明市五华区）钟兴主任、江西宜春市靖安县双溪中学涂久凤老师解决培训和食宿场所问题。

三是挖掘多年全国推进综合实践活动课程中积累的资源，解决培训场所、住宿安排等。如浙江义乌苏溪第四小学娄忠财校长、重庆巴蜀小学马宏校长、沈阳师范大学孙岩主任、河南省教研室综合实践活动室主任岳宇巅等，为项目实施提供大力支持和帮助。

四是两天的线下研修活动课程全由我个人承担，节省了一大笔经费开支。既当理论专家，又当实践专家，还充当一线教师开示范课。10多年来积累的实施推进研究实践经验和成果，编辑出版的教材、视频案例，全国优秀典型为线下研修课程内容提供了保障和基础。

通过四大策略，在无经费支持下高质量完成8个教师工作坊的线下研修，充分体现了项目团队的综合实力，是践行陶行知“教学做合一”理论，“以做事为中心”“在劳力上劳心”的一次成功实践。由衷感谢“国培计划”——示范性教师工作坊高端研修项目为我们的实践成功提供平台，促使自己成为“强人”。

“国培计划”自2010年启动以来，已经走过了十个年头。十年耕耘，十年收获。福建教育学院综合实践活动学科在国培中成长、成熟，走向成功，成为国培精品项目。我在2012年成为国培计划专家库首批人选，也在国培中的成长成功；2012—2017年承办了教育部6个示范性集中培训项目300人，2个示范性教师工作坊项目，培训33位工作坊主持人和3300位骨干教师教研员；承办4个中西部国培项目，培训220人。先后受邀在苏州大学、华中师范大学、东北师范大学、华南师范大学、上海师范大学等院校培训，为国培计划班开设专题讲座数十场，示范课几十节。作为国培计划实施的见证者、参与人，经历无数的国培精彩场景，有喜悦，有汗水，更有艰辛。

前面所述的几则故事只是笔者在国培计划实施旅程中的几个花絮，虽不能全面反映完整的国培，但也足以说明我们的“国培计划”项目从一般走向优秀、走向精品，促进自我不断强大，实现了“做第一流培训师”愿望。感谢国培，感恩国培，感谢“教学做合一”方法论，感谢陶行知！

双轮驱动：助力青年教师专业成长的有效路径

李萍萍

摘　要：青年教师是学校发展的重要资源，要做好学校师资队伍建设，需从青年教师的专业化成长抓起。没有教学走不动，没有科研走不远。教学力和科研力的双轮驱动，有助于青年教师获得专业化成长。

关键词：教学力；科研力；青年教师；专业成长

“双减”大背景下，教师的教科研素养有了更高更显性的要求，“教师作为研究者”的观念日益深入人心。“教不研则浅，研不教则空。”青年教师的专业成长需要教学力与科研力的共同赋能。教学力与科研力就好像是“车之双轮”，同时驱动，共同作用，效果才能最大化。“双轮驱动”意在促进教师教学质量和学生学业水平的提升，助力青年教师的专业成长。

一、审视：青年教师教学力与科研力的窘境

近几年，学校招聘的青年教师越来越多，队伍日益壮大。一方面，他们年轻，青春活力，思维活跃，对各种新知识、新技术、新观点具有极强的学习欲与创新力。另一方面，他们由一个个大学生转身为一名名教师，教学经验的不足，教学能力的欠缺，也带来了诸多困难与挑战。

最直观的是青年教师所呈现出来的教学力与科研力，可谓是“捉襟见肘”。无论是认知上，态度上，还是行为上，都有些偏差。这既无益于青年教师自身的专业成长，也阻碍了学生学业水平的提高，以及学校的发展。

（一）“失重”：青年教师对教学的轻视

育人先育己，则为智；立人先立己，则为德；两者兼备，方为师。青年教师自身的素质修养是育好人才的前提。纵观现实，以“四有好教师”标准之一的“有扎实学识”为例，现实情况有诸多不如意。如自身知识的深度与广度不够、对教材的解读能力不足、对教学目标的定位不准、对教学方法的指导不深、对教学内容的取舍不当、对教学活动的组织不力，以及课堂整体调控的不严等，上述均具有极大的改善与提升空间。教育教学，是一项致力于培育的理性实践活动，理论与实践联系不该疏离，更不该学用脱节。

青年教师教学的“失重”，是其教学力不足的直观反映。究其原因有三：其一，是对课标、课程、课本的忽视，知其然未能知其所以然、一知半解，势必无法获得对教材的深刻理解，导致重难点无法精准把握，也就无法真正意义上进行“传道授业解惑”；其二，是对学生的忽视，缺乏对学生认知特点与具体学情的分析，课堂上不能进行全面调控，更难找准学生的兴趣点以提高其上课的积极性，课堂有效性骤降；其三，是对传统教学手段的忽视，过分依赖多媒体等辅助教学手段，左手点击 PPT，右手牵引学生，一路走马观花，甚至连最基本的板书也“精简”掉了，教师的“教”与学生的“学”，形式大于内容，实效甚微。

（二）“失序”：青年教师对科研的无力

有秩序，方自由。青年教师在科学研究方面总是陷入困境。如不知道什么是科研、为什么要科研、怎么样开展科研，等等。于是，对教科研产生一定的误解，觉得它离自己很遥远，有心无力。

青年教师科研的“失序”，是其科研力不足的直观表现。究其原因有三：其一，是科研观念的落

作者简介：李萍萍，上海师范大学附属吴江实验学校一级教师。

后，没有正确的科研价值观、科研职能观、科研能力观，即不知道自己做科研的价值与用途、不确定自己是否应该做科研、不清楚自己是否可以胜任做科研的任务；其二，是科研能力的不足，在课题面前，不知道如何选题规划、如何进行文献综述、如何选择方法、如何归纳总结等；其三，是科研精神的缺失，在教学工作纷繁复杂、千头万绪时，一切都是无序的，本能反应就是删繁就简，科研的求真、求实、求新及执着精神亦不复存焉。

（三）“失衡”：青年教师方向认知的偏颇

鱼和熊掌不可兼得，但教学与科研不是一道非 A 即 B 的选择题。青年教师存在方向认知的偏颇，总是纠结其中。无论是“重教学、轻科研”，还是“重科研、轻教学”，都是不科学的。

青年教师选择的失衡，是对教学与科研认知不足所做的主观臆断。究其原因有三：其一，是对教学与科研之间的关系缺乏正确的认识；其二，是自身认知的缺陷，缺少用发展的眼光看事看物看问题的能力；其三，是青年教师不能及时反思，疏于对自己专业成长的规划，造成发展方向的偏颇。

二、追寻：教学力与科研力“双轮驱动”的价值

教学力与科研力的融合互动，是教师的科研力、教学力、人文精神的统一，无论是对学生、教师还是教育教学工作，都有深远的价值。

（一）促进学生学业水平的提升

教学与科研并重，互动一体，“两手抓，两手都要硬”。[1] 教学对科研具有导向作用，能够及时发现教学过程中的“疑难杂症”；科研对教学具有促进作用，可以改进教学，提高教师的教学质量、学生的学习效能。青年教师教学力和科研力的提升，势必促进有效课堂的生成与发生，学生学业水平的提升也就能“水到渠成”。

（二）助力青年教师获得专业成长

立足教学，科研先导。教学因科研而更有“底气”，科研因教学更接“地气”。在教学力与科研力提升的过程中，青年教师不断进行相关理论知识的学习进而推动问题的发现、行为的优化、特色的提炼以及文化的浸润，从而提高青年教师的教学质量与科研能力，助力青年教师获得专业成长。

（三）推动教育教学工作的创新发展

教育科研的“双轮驱动”能够深化教育课程改革，促进教育优质均衡发展，为新时代教育发展提供强有力的支撑。教育科研既立足课程，激发科研人才成长的内驱力，强化科研兴教意识，同时，也面向未来，实现科研强教的目标，服务教学。最是科研能致远，赋能引领促发展。

三、探究：助力青年教师专业成长的有效路径

“双轮驱动”，教学力与科研力“两个轮子”并驾齐驱，相辅相成，共同作用，形成教学与科研相互支撑、相互依托、相得益彰的态势，使育人的功能更大化、教师的专业成长更优化。

（一）“知彼”：教学与科研的再认识

“知彼”就是对与自己工作内容、环境等相关信息的有效掌握。教学力与科研力的“双轮驱动”，是助力青年教师专业成长的有效路径。青年教师不仅要明确这两者的本质，还要理清这两者之间的关系。这有利于青年教师更新对教科研的认知观念，从而自觉自发自动地参与到各种教科研能力培养的活动中去，并在自己的职业道路上，找到自己的价值，创造自己的价值，发挥自己的价值。

1. 刷新对教学与科研本质的认识

课堂教学，于学生而言，是学生时代最熟悉、最基本的“要事”，学得如何，直接影响着学生今后的成长之路；于教师而言，课堂教学是其职业生涯中最“习以为常”的事情，教得效果如何，直接影响着教师的教学质量以及职业成就感、幸福感的形成。教学，当是一个尊重学生需求、相互生长、彼此成全的过程，当是焕发出师生生命活力的过程。提升教学力，用心教学，心里多装“两个假如”，即“假如我是孩子”“假如是我的孩子”，就会问心无愧。所以，青年教师必须不断丰富自己、赋能自己，无论是教学目标、教学内容，还是教学方法，都要以生为本、与时俱进，“会教”方能“乐教”，“乐教”才能走向学生的“乐学”“学有所成”。

科研，是运用科学的理论和方法，有意识、有计划、有目的地对教学现象、教学问题、教学规律进行研究的活动。[2]科研的动力源自于对教学的热爱与责任感。课堂教学效率、教师教学质量、学生学业水平的提高以及教师专业素养的提升都离不开科研的深入。科研不是专家、学者的“专属品”，而是一线教师尤其是青年教师应深入探究的活动。科研是基于人、发展人的，研究的过程虽漫长却是有意义的。

2. 重塑对教学与科研关系的理解

教学与科研，如车之两轮，唯有并驾齐驱，双向互动，方能跑得更稳、更快、更远。青年教师做科研必须“在现场”，即带着科研的意识在“课堂现场”“教学现场”。在教学过程中，捕捉教学现象，不断发现教学问题，在解决问题的同时，提炼规律，这样科研就拥有了课堂实践这个“大源泉”。同时，科研对教学产生反哺，让教学内容“有血有肉”、教学过程“有条有理”、教学方法“有理有据”，促进教学的持续、深入、有效进行。

（二）“知己”：自我专业发展目标的再规划

自知者明。“知己”是指真正地了解自己，知道自己愿意做、适合做、擅长做的事情。青年教师正处于职业生涯的初始阶段，也就是“起步期”，对于自我的角色认同与认知处于一个相对懵懂的“探索期”。无论是自己的职业，还是工作内容，都没有一个深刻的认识，对于工作的环境也是处于“适应期”。他们对于教学与科研的工作任务往往会无所适从，甚至无可胜任。基于此，青年教师要首先明确“知己”环节的“三问”，做好自我成长目标的规划。

1.“一问”自我认知：我是谁

自我认知，是对自我的一种洞察、一种理解，包括对自己以及自己所处环境的分析，如自己的兴趣爱好、专业特长、工作环境等，为今后在教学工作中找准自己的角色定位做好铺垫。从个人实际出发，充分认识自我，知道“我是谁”，才能利用自身优势，扬长避短，争取教学工作的最大化胜任。尤其是科研，对各方面的要求都较高、较严，青年教师只有不断比较鉴别，才能将自身特点与教学、科研特质结合起来，寻求最适合自己的方向。

2.“二问”目标制定：我要去哪里

认知自我，就要明志向、定方向。明确“我要去哪里”之后，相对应的总目标就有了。目标的制定，需慎重考虑与自我特点的匹配度、与所处内外环境的适应性，不能妄自菲薄，也不能好高骛远。一个总目标，细化为分目标，再分解成短期目标与长期目标。青年教师应立足现实，为提高自身的教学力与科研力，可以先制定一个“三年成长计划”，以新时代“四有好教师”为镜，不断提高自己的个人素养，一步一个脚印，脚踏实地地向总目标迈进。

3.“三问”行动策略：我要怎样去那里

目标制定后，就要思考“我要怎样去那里”，这是“知己”环节的关键一步。要弄清楚“怎样去”，就必须先有策略。策略先行，行动方至。依据个人能力，结合教学、科研之于学校的重大战略意义以及一些不可控的外在因素，及时研究策略，可依实际情况对策略做出相应调整。

“知己”莫如己，明心知往。知道了“我是谁”，明确了“往哪走”、厘清了“怎样走”，自我的成长规划便有了方向，同时加持了自信与憧憬。

（三）“知行”：青年教师教学力与科研力的再提升

力行求至。“知行”是指协助青年教师提升教学力与科研力，把专业发展目标转化为行动的路径，让青年教师采取切实有效的方法完成目标，实现自身的专业成长。

1. 打底子：理论学习让专业成长更有“理”

理论学习既是青年教师提升教学力与科研力的前提，也是一种内驱力。理论学习贵在独立思考、学用结合、学有所悟、用有所得。在学习与实践的过程中，教学观念、科研观念会慢慢发生改变，不断沉淀、自省，而后能内化于心、外化于行。

2. 结对子：专家引领让专业成长更有“路”

专家、名师工作室的引领下，有针对性地对青年教师开展教学与科研的系列培训、讲座。依据青年教师的个性特点，为其匹配导师，更好地帮助青年教师树立和强化教学意识、课题研究意识，

（下转第 79 页）

用创造的力量，做纯粹的教育

——以陶行知教育思想为指导开展学校创造教育

张军瑾

摘　要：创造教育的宗旨就是要充分激发学生的创造力，通过在探究学习活动中引导学生掌握自主学习、自主创造的方法，推动学生积极学习、可持续学习。文章以和田路小学为案例，分析其在教育教学中以“生活即教育”“社会即学校”的陶行知教育理念为研究方向，以创造性学科活动为载体，围绕人的发展，关注发现问题和创造性解决问题的过程。凸显学生学习主体，激励学生自主学习，进一步落实教学合一；围绕学校的发展，做面向人人的创造，打通学科壁垒，融合学科领域，贯通校内校外空间场域，让创造时时处处发生，用创造的力量为培养更有创新力的社会主义建设者和接班人打下坚实的基础。

关键词：陶行知思想；创造教育；创造力；小先生

上海市静安区和田路小学是最早的一批中陶会实验基地学校之一。20 世纪 80 年代，和田路小学从陶行知的创造教育思想中找到理论支点，开始走上创造教育特色发展之路。40 多年来，和田路小学在“点燃创新之火”的创造教育理念指引下，着眼于小学生的创造教育启蒙，进行小学生创造力全程全域培养的实践探索。其间，不断从陶行知的创造教育思想中得到深刻认识和升华。

2018 年起，和田路小学以“生活即教育”“社会即学校”的陶行知理念为研究方向，对项目化的学习进行了系统设计与深度统整，尝试在此基础上推进创造性学科活动中的小先生制度，引导学生自主参与研究与学习，培养学生自主学习的能力、创造性思维和创造性解决问题的能力，为学生个性化发展提供良好的成长环境。

一、围绕人的发展，点燃每个人的创造

陶行知先生曾经说过，“解放儿童的创造力，就是要解放他的头脑，使他能想；解放他的双手，使他能干；解放他的眼睛，使他能看；解放他的嘴，使他能谈；解放他的空间，使他能到大自然大社会里去取得丰富的学问；解放他的时间，不把他的功课表填满，不逼迫他赶考，不和家长联合起来在功课上夹攻，要给他一些空闲时间消化所学，并且学一点他自己渴望要学的学问，干一点他自己高兴要干的事情”。

创造教育的宗旨就是要充分激发学生的创造力，在探究学习活动中将学生的头脑、双手、嘴、空间和时间都解放出来，形成自主学习、自主创造的方法，让学生积极参与学习、可持续性学习。

二、解放四大创造源，贯彻和诠释陶行知教育新思想

校园里节水，如何从“升”做起？

从一个节约用水的要求，到发现学校水费单上的疑问，小朋友对校园里不同水龙头的用水量进行实验对比，发现感应式水龙头每秒出水 186 毫升，开关式水龙头每秒出水 264 毫升，二者存在差异。他们将自己的探究成果用各种方式向其他同学进行宣传，并将研究过程绘制成“一图读懂”，又进一步深入发现校园中用水的器具可以做一些改造。通过测量水箱的体积测量用水量；抽水器的定时定量的方案如何确定；同学们在喝水、用水中有哪些浪费行为？……

在整个创造性学科活动中，我们可以清晰地看到学生自主参与学习，帮助别人开展学习，这个

作者简介：张军瑾，上海市静安区和田路小学正高级教师、校长，上海静安创造教育研究院院长。

学习的过程即是创造的过程。

三、每个人都可以创造

创造力最能发挥的条件是民主。在创造性学科活动中，让学生担任组长，所有学生分别组成团队参与整个研究的过程，在学习活动中组长给予学生自由发表意见和想法的空间，对每个学生的想法并不作任何干预，每个学生都可以各抒己见，充分阐述自己的发现和理由。如围绕“如何节水?”这一真实问题，每个学生都能提出自己的想法和见解：调整水龙头出水的方式、设计节水装置、更换更节水的水龙头、用海报等标识宣传……

不同的问题解决方式基于学生个体的知识基础和能力。学生们各有各的想法，每一个不同的答案都是一次创意的体现。整个活动让每个人的创造力都能得到表现，让解决问题变得更有创意。

1. 好奇是创造的起源

早在2006年，和田路小学就开始研究日常教学中以问为核心的创造课堂。自2017年起，在创造性学科活动中“问题驱动研究”的价值与作用更凸显得淋漓尽致。“校园里节水，如何从‘升’开始?”的问题来源于学生的发现，产生于学生仔细的观察、敏锐的感觉和强烈的好奇心；围绕核心问题，学生找到了很多可以研究的探究点，如“校园每天会浪费多少水?”“如何节约用水?”“如何通过水费单了解每天的用水量?”“如何测量不同的水量?”等强烈的好奇心引发了一个个问题，一个个问题又形成了研究学习的支架，引导学生自主开展后续的活动。

有好奇心就有了问的基础，才能充分发挥创造力。让学生在自主发现问题的过程中，以问题为导向，循序渐进地往深度探究，最终指向真实问题的解决。

2. 创造从兴趣体验、实践操作开始

在“学习”和“生活”中解决问题，有了问题就要付诸行动。利用身边的材料设计量水工具，分析水费单数据，比较用水量的大小，运用工程思维对水箱来一次改造。每一次实践的过程都让学生兴趣盎然，把自己解决问题的过程和方法展示给其他同学，成为其他同学的参考，让自己体验到成为“小先生”的乐趣，成功与失败的结果也可以变得微不足道。

3. 创造可以在任何时间、任何地点展开

创造性学科活动的项目来自校园的各个角落。“如何为校园绿化选择合适的草皮?”“如何为自己选择合适的校服?”“数据可以怎样帮助我们保护视力?”学生们发现问题的焦点也并不局限课堂，每个学生在大自然、大学校、大社会中时刻学习、时刻发现，让学习的过程伴随校园生活、社会生活的每一天。创造需要广博的基础，走出课堂，走进校园，解放时间和空间，才能发挥学生内在的创造力。

一个生活中的小发现、小问题，就是小朋友们去学习的切入口。学习的过程，就是创造的过程。

4. 九个创造好习惯，演绎陶行知教育思想时代新意

围绕人的发展的核心，和田路小学一直以“让创造成为乐趣”“让创造成为习惯”“让创造成为理想”为教育理念，指向九个创造好习惯：多说说自己的发现，多看看不同的做法，多试试新奇的创意，多想想解决的方法，多学学创造的榜样，多玩玩新鲜的活动，多做做勇敢的尝试，多找找相关的信息，多听听他人的说法。

伴随创造性学科活动，九个创造好习惯渗透到学生自主学习的每一个环节，潜移默化地培养创新思维，激发创造力，为评价创造行为提供可参考的依据和标准。

5. 自主观察，借助表达展示成果

多说说自己的发现，多看看不同的做法，多听听他人的说法都属于观察的行为表现，也是人最擅长的探究方式之一。“如何节水”的问题需要解决，水龙头有哪些种类和功能? 这些功能和类型是否会影响用水量的大小? ……学生仔细观察，记录自己的发现，在团队中讲解自己的想法，为他人提供思考的线索和证据，对他人作出的判断进行思辨，最终得出最优化的安置方案。

善于观察，乐于观察，有目标、有策略地观察，认识不同的特点。将自己的发现告诉别人，给予他人启发。撬动他人的创造力，让学生真正成为课堂、活动和学习的主人。

6. 积极参与，勇于尝试教学合一

“小先生制”是培养儿童创造力的创举，能够启发学生运用创造力开展探究，在和田路小学进行的创造性学科活动中发挥了举足轻重的作用。

项目活动的最终目标指向节水，那么如何节水就成为学生展现研究成果、体现创意的重点环节。不同团队采用的创意方式也不尽相同：标识设计用于提醒宣传，改变水箱结构试试能否减少水量的输出，更换更合适的水龙头，设计节水标识引导节水行为，改变水箱的结构提高水资源的二次利用等。以往从没有尝试过的想法在学生的互相沟通、交流中一次次碰撞，不同的思维方式产生了不同的创意方案，让人茅塞顿开。创造性解决问题的方法也更具有魅力，学生更愿意主动尝试。

在老师的引导下，学生参与各种未参加过的活动，在新的体验中发挥创造力，大胆地说出自己的创意和想法，充分发挥创意，这本身就是一种相互激发创造力的过程。

7. 掌握方法，学会学习体现自主

多找找相关的信息和多改改设想的方案更多地体现在团队合作探究的结果方面。当前新课程提倡“自主、合作、探究、实践”的核心理念，从以教师教为中心，转向以学生学为中心，鼓励因材施教。这也同样是创造性学科活动在探究的过程中充分体现的核心理念。地球有多少水资源？如何看待水资源的紧缺与节水方式之间的联系？不同的场域的功能和特点会影响日常用水量的大小吗？……收集信息的过程也是自主学习的过程。学生通过不同的方式大量收集资料，从中筛选出有用的信息，为方案的设计和优化寻找知识与技能的支持，激励学生积极主动地思考解决问题的方法，培养了学生思维的敏捷性，达到“即知即传”的效果，激发学习的兴趣。

自主学习，凸显学生学习的主体，充分发挥“小先生制”在创造教育中的实践，师生形成“交互的主体”，有利于学生形成持续学习，终身学习的习惯和能力。

8. 围绕学校的发展，做面向人人的创造

面向人人的创造教育是一种无边界创造教育的理念。为了实现这个教育理念，2019 年起和田路小学尝试打破学科壁垒，跨界学科领域，营造共享环境，延展创造空间，立志办一所有日常创新力的学校。

在和田路小学，每一节课，每一个活动，每一项研究，都能让每一位学生都能体验成为“小先生”的乐趣。每一条走廊，每一处绿化，每一间教室，每一个角落都成为发现问题、探究学习的公共空间，为同学带来自己的发现和成果，让学习时时处处发生。每一位老师，每一位家长都成为学生学习、生活的导师，为学生创造性的学习提供全方位的引导和支持。

“处处是创造之地，天天是创造之时，人人是创造之人。”这是陶行知先生《创造宣言》中的思想精髓，也是和田路小学一直坚持从事这件有价值有意义的事的精神所在。在创新型国家建设的宏伟蓝图中，和田路小学坚持用创造的力量，做纯粹的教育，为培养更有创新力的社会主义事业接班人矢志不渝！

基于乡土资源培育家国情怀的研究

——以高中生研究性学习为例

尹　瑶

摘　要：在教学实践中培育家国情怀是当下高中教学的热点，乡土历史特有的贴近学生心理的优势成为一线教师培育家国情怀的重要资源。上海历史课程素有重视乡土资源的传统，在“双新”背景下，这一传统应当继续传承与发扬。文章聚焦基于乡土资源的高中生研究性学习课程，学生在确定研究课题后，通过史料的搜集与整理、研究价值的挖掘、研究框架的搭建等环节，最终完成研究性报告的撰写。通过课题的探究，学生加深了对于嘉定和国家历史的了解，唤起了爱国之情，从而实现了家国情怀的培育。

关键词：乡土资源；家国情怀；高中生；研究性学习

一、理论依据与研究思路

2014 年，教育部公布的《关于全面深化课程改革，落实立德树人根本任务的意见》提出：“教育部将组织研究提出各学段学生发展核心素养体系，明确学生应具备的适应终身发展和社会发展需要的必备品格和关键能力。”以此为起点，核心素养成为新一轮课程深化改革的重要目标。历史学科核心素养包括时空观念、史料实证、历史理解、历史解释、家国情怀五个方面。其中，家国情怀是诸素养中价值追求的目标，也是历史学科育人价值的集中体现。因此，如何在教学实践中落实家国情怀的培育是当下高中历史教学的热点。

家国情怀教育属于情感教育的范畴，如何引起学生的情感共鸣成为家国情怀培养的关键。比起宏观的国家历史，学生更为亲近的乡土资源可以淡化遥远的历史感，发挥情感的优势，构建家乡与国家的联系，达到培育家国情怀的教学目标。

就上海地区而言，上海历史课程素来有重视乡土资源的传统，如华师大版教材中拓展型课程就有上海史的单元，但全市绝大多数学校在常态课中极少运用上海或者所在区的乡土史资源开展教学。自 2019 年推行统编版高中历史教材后，由于内容庞大和线索众多，上海地方特色内容更加让位，当下高中历史教学未充分挖掘和利用乡土资源以培育家国情怀。事实上，不少一线老师就如何将乡土历史资源引入历史课堂都提出了自己的见解，如乡土资源在历史课堂的运用方法、价值和具体运用等，但缺乏从学生角度的相关研究。作为教学活动中的主要参与者，教师与学生是紧密相连的。如果乡土史教学以教师的课堂示范为起点，以研究性学习的开展为机缘，学生通过调查访问、实地考察、对比梳理等环节合作完成报告撰写，必将使学习方式更趋完善。因此，本文试图通过教师示范—学生迁移的教学模式，实现课堂教学—研究报告的成果展现，加深学生对于家乡的了解与热爱，从而达到落实家国情怀的目标。

二、研究过程与开展策略

本次实践主要基于我校师道特色课程《换个角度看历史》展开。实施过程主要分为两个部分：教师示范和学生迁移。

教师首先向学生展示嘉定乡土资源在历史课堂的运用，以调动学生兴趣，使学生逐渐认识到乡土历史与教科书中的历史紧密相关。在讲授“改革开放”相关知识点时，将上海嘉定区改革开放以来社会生活的变迁引入历史课程，并以其斐然成就证明改革开放是实现中华民族伟大复兴的关键。

作者简介：尹瑶，上海师范大学附属嘉定高级中学二级教师。

这样可以帮助学生跨越历史鸿沟，更加直观地感受到改革开放政策对于嘉定区的重要意义，从而增强学生对于国家方针、政策的理解与认同，激发对家乡和祖国的热爱。在讲授“集镇”相关知识点时，通过展示南翔镇从元朝至清朝的发展情况，探究集镇形成的特点，突显作为交通枢纽的南翔镇商业繁荣的景象。在教师的示范下，学生分组，挑选自己感兴趣的嘉定人物或者遗迹进行深入研究，并最终确立研究课题，完成研究报告的撰写。

研究课题的确立并不是一件容易的事，需要依据研究史料的留存情况和学界的研究现状。因此，很大部分都是围绕主题搜集各种类型的史料，而本课程的亮点之处就是在文献史料之外，关注口述史料和实物史料的搜集。这就需要学生前往博物馆或者纪念馆进行实地探访，与名人后代、手工艺者进行交谈，从而真正拓宽历史学习的方式，实现在核心素养时代下以学生为主体的学习。在《史料的搜集与整理》一课中，教师在介绍史料分类的基本知识后，以“归有光的文学创作”为例，完成“史料搜集表”，见表1。

表1 史料整理表

目前的研究主题	归有光的文学创作
史料类型	有：文献史料
	无：实物史料（碑刻）、口述史料（可能不太适合研究主题）
史料价值	有：二手史料
	无：一手史料（《震川先生集》、学生的记载等）
已有的研究主题	《史记》的点评、碑刻文研究
可能的研究方向	教育思想？史学思想？

该表理清了目前搜集史料的类型，并为继续搜寻史料指明了方向。师生也都认识到多种渠道尽可能多地搜集史料和史料类型尽可能多样的重要性。

学生开始确定的研究课题都是比较宽泛的，如顾维钧、徐行草编、嘉定古城墙等。在撰写研究报告时，需要将研究课题进一步细化，突出其研究价值。在《研究价值的挖掘》一课中，教师首先展示综合素质评价系统中研究性学习和上海市青少年科技创新大赛申报材料，认识研究价值在研究课题中的重要地位，指明了课题研究的意义和方向。同时，教师展示国家社科基金项目申请书的要求，介绍研究价值的分类和适用范围。以“归有光的碑志文研究”为例，学生结合实例，概括研究价值的一般写作思路，并尝试撰写研究综述，完成“研究价值表”，见表2。

表2 研究价值表

研究课题介绍	归有光是明中叶颇负盛名的古文大家，其散文素有“明文第一”的美誉，不仅形神兼备、感情真挚，而且种类繁多，各具特色，堪称各类文体之典范。
学术价值	学术界关于归有光的研究非常活跃，近年来更是成果丰硕，然多集中于对其生平、散文创作、文学理论、地位影响的总体研究。归有光碑志文文体研究长期不为学者所重视，现有的相关研究均散见于其他研究论文之中，尚未形成规模性的研究气候。
应用价值	作为嘉定历史名人，加深嘉定人民对其的了解，增强对于嘉定的热爱。

同时，学生以小组为单位，以课堂报告的形式向师生展示研究成果。要求每个组员都要报告，且围绕着研究对象的探究，在内容呈现上应当由浅入深，制作相应的表格，记录每组每周的报告人和报告内容。在每节课课首和结尾都会对上周内容进行回顾，并对本次内容进行总结，方便学生能够明晰目前研究的进展。

最后，在课程评价中，主要采用自评、他评和师评三种方式。在每节课中都会发放评价表，每个小组围绕内容呈现、PPT制作、史料类型和演讲状态等打分，这样既让学生了解评价标准，也可以认真倾听他组报告。

三、个案研究与成果展示

在本课程中，12个小组开展了研究性学习，可分为学术性质和应用性质。前者如嘉定孔庙碑刻、娄塘游击队和清朝满汉关系，后者如徐行草编进校园、嘉定话和嘉定竹刻。下面以“娄塘游击队”和“嘉定话的研究”为例，展示学生研究成果。

以家乡娄塘为研究对象，该组同学以母校娄塘学校中的纪念碑为切入口，探究娄塘游击队在抗战中的贡献。他们搜集了包括纪念碑、纪录片中的后人叙述、报刊杂志中对娄塘游击队的介绍等各类史料，也实地探访了新四军江抗游击队纪念馆，对娄塘游击队成立的历史、主要队员的个人经历、在抗战中的贡献有了非常清晰的了解。

娄塘游击队小组确立他们的研究课题为《抗日战争时期上海游击队的作用——以新四军江抗娄塘游击队为例》。因为娄塘游击队的相关文献较少，所以该组同学开拓思路，收集了有关上海游击队乃至整个中国游击队的文献，并着重关注它们的摘要，以模仿整理文献综述，探究研究价值：

1932 年 3 月初，淞沪会战后娄塘二次沦陷，许多青年处于失学、失业的困境。1939 年 4 月，爱国青年们自发组织成一支爱国救亡队。娄塘镇的王波、谭继诚等 10 余名爱国青年组成了娄塘游击队。目前，多数学者从游击队的创建背景、组成、特点、贡献、活动地点、对比、局限性和历史地位等研究上海各游击队。娄塘游击队作为上海嘉定的一支游击队，在以前却仅被放在嘉定游击队这一大范围中进行寥寥几句的阐述，并未具体涉及研究游击队的方面。因为与学校有紧密联系、在人数稀少的情况下做出了重要的贡献而具有其独特的历史研究价值。本篇报告将对娄塘游击队状况进行系统具体的阐述，从学校和游击队的关系这一新方面探究娄塘游击队，并以该游击队为例、以小见大地探究抗日战争时期上海游击队的作用。

嘉定话小组通过采访嘉定话传承人，对我校学生嘉定话使用情况发放了纸质问卷进行调查，并结合调查的结果论述嘉定话保存的意义。通过对 60 份问卷调查进行分析，发现长期居住在嘉定的家庭中有大约 52% 的家庭几乎从不或偶尔使用嘉定话。在不是长期居住在嘉定的家庭中，只有约 25% 的同学听说过嘉定话，大约 17% 的同学听不懂嘉定话。这说明在嘉定地区嘉定话并没有得到充分的传承与发展。因此，嘉定话的传承是非常有必要的，具体来说：

（1）语言是文化的载体，传承嘉定话是维护中国语言文化多样性的重要手段。方言已经逐步从工具语言蜕变成地域文化标记，而文化区分是人的社会身份的重要属性，我国之所以从全国统一蓝装的大跃进时代走到今天强调个性的时代，可见“区分度”对人和社会发展的意义。“和而不同”，这才是中华文化的智慧所在。

（2）研究、保护和传承嘉定话重在留存一种赋有人文价值的文化生态，不仅具有对中国语言研究方面的学术价值，更具有民俗、历史、人文理念方面的价值，是对非物质文化遗产事业的贡献。

（3）有时用嘉定方言词汇或说法既准确又形象，给人绘声绘色、活灵活现之感。而如果不使用嘉定特定方言，则只能传达事件的基本信息，描述起来显得干巴巴的，缺乏灵动和表现力。

目前，该小组致力于如何传承与发展嘉定话的研究，其设想的措施包括：（1）成立嘉定话语言库；（2）在学校开展“嘉定话周”活动；（3）开设公众号加强对于嘉定话的宣传。

四、主要成效和经验总结

由于研究内容与学生的生活密切相关，无论是在教师的示范过程，还是学生的报告过程，明显发现他们的学习兴趣被调动起来。在课后与学生的交谈中，他们谈到最多的是通过对研究课题的探究，加深了对于嘉定历史的了解。对于嘉定历史名人事迹的解读，如顾维钧在巴黎和会中为国家主权据理力争，嘉定人民面对外敌入侵的不屈斗争，娄塘游击队誓死保卫祖国抗击日寇，唤起了学生的爱国之情。这有效补充了传统课堂中宏大的历史叙述，用历史之细节以情动人，从而落实了家国情怀的培育。结合自身乡土意识的探索，辅以实地考察与调查访问的资料获取方法，彰显了中学生特有的史学研究路径。

为了保证课程的有效开展，我也积累了以下经验：一是在课程开展过程中，教师应当始终发挥学生的自主性，密切跟踪学生每个阶段的研究情况，并对学生遇到的问题予以及时的反馈。如搜索资料的方式、史料类型的判断与使用。二是利用各种可视化量表，如小组参与表、汇报进度表、同伴互评表，帮助学生明晰当下小组研究的进展，以便更好地进行下一次研究。三是鼓励学生在课堂清晰流畅地表达观点，感悟与思考过程和结果，辅以自评、互评和师评等评价方式，激发学生的创造力。

发挥老一辈特殊作用　助力新一代茁壮成长

杨正来

摘　要：为全面落实党的二十大精神，学习贯彻习近平新时代中国特色社会主义思想，实现教育强国、科技强国、人才强国的目标和任务，上海市市西中学坚持立德树人，五育并举，传承创新，广泛开展学生思想道德教育和社会主义核心价值观教育，精心组织“五老”参与学校多种形式的教育，充分发挥老一辈的特殊作用，助力新一代茁壮成长。

关键词：五育；老一辈；下一代；道德教育；社会主义核心价值观

十年树木，百年树人，上海市市西中学党委十分重视做好关怀和教育下一代工作。围绕教育强国、科技强国、人才强国的国家战略以及市西新时期育人目标，学校坚持立德树人，五育并举，传承创新。广泛开展学生思想道德教育和社会主义核心价值观教育，精心组织“五老”（即老干部、老战士、老专家、老教师、老模范）参与学校多种形式的教育，关爱学生的健康成长，融入到学校的课程建设、文化建设、队伍建设中，参与到学校主题教育、仪式教育、文化活动、社会实践活动中，形成“明确育人目标、加强育人领导、搭建育人平台、建设育人队伍、实现育人成效”的市西关心下一代“五育人”的特色理念，扎实推进关心下一代工作，成效显著。

一、发挥“五老”智慧和力量，明确育人目标，培育卓越人才

市西中学围绕“立德树人”的根本任务，弘扬“好学力行”的优秀学校文化精神，以“尊重规则会选择，合作包容有爱心，实践创新善质疑，身心健康全人格，胸怀天下担责任”为学生培养目标，充分发挥“五老”的力量和作用，通过一系列的教育改革与实践，让每一个学生通过树立理想、塑造品德、富有个性、优势发展、融入社会，成就更好的自己。

二、发挥“五老”智慧和力量，加强育人领导，精心开展工作

市西中学是上海市关心下一代工作首批先行先试的基层关工组织。关心青年学生健康成长是市西党委的重要工作之一，党委在思想上、工作上给予关工组织高度重视和大力支持。作为学校整体工作的一部分，近年来市西中学党委进一步完善了关心下一代组织架构，建立了由党委书记和校长亲自齐抓共管的双组长关工委工作领导小组。退休老教师、优秀市西老校友、学校党政办公室、宣传教育处、课程管理处、教育管理处、资源保障处、学生发展处主任及工会主席等部门负责人担任副组长，团委、教工学生团负责人、年级组长、艺术心理科技总辅导员及班主任成为核心组员，及时调整和充实骨干力量，把关心下一代工作有机整合到各部门工作中。条块清晰，分工合作，各司其职，多角度、多层次、多范围开展关心下一代工作。

三、发挥“五老”智慧和力量，搭建育人平台，拓宽培育途径

市西关工委搭建多种育人平台，组织丰富活动，蓬勃开展关心下一代工作。

1. 搭建典礼仪式教育平台。邀请老前辈参与升旗仪式，进行国旗下的讲话；参与开学典礼，讲述革命传统故事；参与心愿封存仪式，讲述市西优良传统；参与成人仪式，讲述报国之志。

2. 搭建实践走访教育平台。组织青年教师走访老教师，增强青年教师教育理解力，增强今天为

作者简介：杨正来，上海市市西中学一级教师、宣传教育处主任。

人为师的教育精神追求；组织学生寻访老校友，追寻市西“好学力行”优秀传统；组织学生考察老劳模工作基地，感悟工匠精神的伟大与不朽；组织学生走进爱国主义教育场馆，主动担任义务讲解员；组织学生奔赴全国各地，开展文化游学和课题研究，感受祖国从站起来、富起来到强起来的艰辛发展历程。

3. 搭建座谈讲座教育平台。组织“五老”走进学校青年党校和市西班会课堂，讲述四史故事，谈心育人，促进学生成长；邀请老专家老模范来到市西学术讲台，传授知识，拓宽视野；邀请老专家加入家长学校，共话沟通；邀请老校友老教授开设讲座，指导拓展性论文开题立项，助力学生学术素养的发展。

四、发挥“五老”智慧和力量，建设育人队伍，全面培育青年

市西中学党委重视发挥老干部、老专家、老教师、老劳模等特殊作用，凝心聚力，培养德智体美劳全面发展的卓越学生。

1. 为加强培育学生坚定的理想信念，为实现第二个百年梦想培养今天的市西青年，打好精神底色、夯实人生根基。学校建立老干部育人机制，建设丰富的资源库，开展定期走访活动，发挥老干部关心下一代的热情。近年来，学校多次邀请离休老干部葛十朋老师来校参与主题升旗仪式、给青年党校学员讲党史、和青年教师座谈教师素养、进班级给学生讲校史、国家公祭日给学生讲鼎的铭文等系列学生教育活动。接受过葛老教育影响的市西师生，都深深被他的激情、热情所感染，大受鼓舞。校团委也组织青年党校同学开展了对静安区离退休干部宋瑞芳、江荣、高峰等老师的红色故事寻访，了解不同时代青年在复杂形势中的使命与担当，深刻领悟爱国主义情怀。

2. 为培养学力强实、能力卓越、学术素养高的新一代市西学生，进一步推进市西学术性高中的建设，学校积极挖掘社会高等院校、科研机构、科创企业等老科学家、老科技工作者资源，发挥他们在学生培养、学科探索、学术规范、课题研究、前沿知识和技术引领等方面的特殊作用。每年校园科技节、文史节、体育节、戏剧节、艺术节和学术节六大节日，每周学术探究日，学校邀请复旦大学、交通大学、香港中文大学、上海科技大学等知名院校专家教授，邀请市科协、卫星研究所、科创公司老专家老领导来给学生做讲座。讲座主题涵盖政治、经济、科技、社科、工程、医药、航天、人文、艺术等领域，能够丰富学生的知识，拓展学生的视野，启迪学生的智慧。这些讲座不仅可以让学生接触学术前沿，培养对学术的好奇和敬畏之心，还可以使学生领略到优秀老学者的风采，感受榜样的力量，激励学生不断探索和前行。

3. 市西老校友是市西今天发展的重要宝贵资源，为全面培养新时代优秀市西学生，学校积极挖掘市西校友中老干部、老科学家、老科技工作者、老专家的资源，通过寻访校友、专题讲座、仪式讲话等方式，发挥他们在学生教育、队伍建设和学校发展中的特殊作用。

近些年来，学校邀请了不少市西老校友回到母校给学生开设专题讲座，如原国家商务部部长陈德明校友《经济全球化和中国开放战略——兼述“一带一路”倡议和建设》，以及老校友曾祺《从黄宾虹文化看中国传统文化价值的回归和传承》、朱征平《学当记者》、钱玉成《虎丘塔的维修》、董传强《我与排球的不解情缘》、李雨农《图说中国航空工业》、张操《穿越时间可能吗？——兼谈交流电的速度》、郁竑《橡皮头铅笔启示成就百亿产业》等。讲座带给学生新的思想、新的视角，促进了学生的全面发展，对学生产生了积极的影响。此外，市西老校友原华师大和上海纽约大学校长俞立中先生发挥自己所在高校的学术作用，多次邀请市西学生到上海纽约大学实地参观考察。每次考察时，俞校长都亲自接待、亲自安排学生的考察线路图、亲自给学生做一场专题讲座。俞校长对下一代的亲切关怀和谆谆教诲永远铭记在市西学子心中，激励学生踔厉奋发，勇攀学术高峰。

市西还有一批老校友一直心系学校的发展、心系学生的成长，他们捐赠奖励基金，这个群体中的杰出代表有郑天慧、夏婉锦、陈增圭等一批老校友。在这些老校友的资助下，学校设立了好学奖、力行奖、朝强奖、夏婉锦科技奖、新苗奖、优秀学生奖、优秀论文奖、学生领袖气质奖等，各类奖项在激励学生发奋学习、学科竞赛、课题研究、科创大赛等方面发挥了重要作用，每年有100多名师生获奖。不仅如此，市西校友中的老专家、老教师还积极指导市西教师的实践推进项目，如思维

广场、漫思实验室、研究院、TeachAI教学应用等，从立项、中期推进到结项、到实践应用都给予积极的指导，助推教师专业发展，从而更好地培养下一代。

4. 为培养学生的劳动精神、劳动意识和劳动品质，养成良好的劳动习惯，学校充分挖掘劳模资源，发挥劳模育人作用。2017年3月，学校与上海市劳模学员协会共同启动了“劳模进校园”项目，全市各行各业劳模以各种方式给市西师生注入无穷的精神力量。项目启动仪式上，邀请了全国劳动模范徐虎等13位全国及市级劳模参与。

学校多次以专题讲座、基地考察、主题交流、体验活动等形式开展关心下一代教育。如劳模彭建年先生做《社会需要就是我学习、创造的目标》的演讲，并现场演示了他的创新专利；劳模学员分会副会长韩文明做《岗位成才》的事迹报告；市劳模黄继才先生做《技术革新，帮助我成长》讲座；市劳模柴朱强先生做《勤奋工作、努力学习是实现理想的最佳捷径》讲座；上海市新长征突击手、上海银代代资产管理有限公司总裁尤健做《敢于站在时代的潮头》等多场讲座。组织学校青年党校学员参观劳模单位上海铁路博物馆；组织学生参观劳模单位上海市邮政博物馆；组织师生到劳模单位上海海事测绘中心参观考察，海事测绘中心的海事搜救人员现场讲解了许多生动的搜救故事。

学校组织高三学生深入劳模基地参观考察工作，分批前往虹桥动车运用所、上海星申仪表有限公司和包起帆事迹展览馆，开展了“深入劳模建功立业基地”的形势考察活动。通过系列活动，学生们深切体会到唯有辛勤劳动、智慧创造、技术革新才能实现人生价值，成为新时代的奋斗者。不仅了解了科技的进步和发展，更提振了发奋图强报效祖国，为祖国创造美好未来的决心，为未来的学习和生涯选择奠定更坚实的价值追求。

2021年11月13日，市人大、市总工会、市教卫党委、市教委、市关心下一代主办的上海市“百名劳模进校园与学生结对”启动仪式在市西中学隆重举行。学高一年级学生与四位劳模共同激情朗诵了由市西老师创作的诗歌《劳动筑梦·强国有我》。市西中学合唱团为嘉宾们演唱了由市西老师指挥、学生钢琴伴奏的歌曲《你就是这样的人》，表达了市西学子崇敬劳模、热爱劳动的强烈心声。

2021年12月10日，学校与市劳模协会分会再次举行了劳模与市西学生结对的挂牌仪式，全国劳动模范、上海市劳动模范王连云、谈美庆、俞亮鑫、陈金娣、许跃萍等五位劳模代表参加，深化推进相关工作，推进劳动教育。仪式后新闻界著名劳模俞亮鑫老师还做了一场有关网络媒体素养的精彩讲座。

五、发挥“五老”智慧和力量，实现育人成效，培养时代新人

在上级关工委的大力指导和支持下，在“五老”前辈的亲切关心、支持和帮助下，市西中学关工委工作蓬勃开展并落到实处，对下一代青年学生的健康茁壮成长发挥了积极作用，对青年教师的职业理解和发展规划产生了积极影响，对深入教育改革实践探索提供了有力支持，学生、教师、学校良性协同发展。

近5年里，学校蝉联十七届“上海市文明单位”；学校关工委也多次被评为“静安区教育系统关心下一代工作先进集体”；师生学科竞赛、科技创新大赛、教学科研等市级获奖几百项；历年有多名学生获得上海市优秀学生、优秀学生干部、美德好少年等荣誉称号。2018年学校荣获国家级基础教育教学成果奖一等奖，学校多项教育改革实践项目引起全市乃至全国教育同行的极大关注和肯定，反响热烈。

“关心下一代”是一项利惠万世的事业，市西关工委坚持和实施的“五育人”的特色理念与行动，卓有成效。面对新时代教育强国、科技强国、人才强国的历史使命，市西中学关工委将继续开拓创新，努力将学校德育教育与“关心下一代”工作无缝对接，营造更多老少共建、老少共创、老少共乐的良好氛围。不断形成培育关心下一代工作的新载体、新途径，将关心下一代工作推向深入，切实加强未成年人思想道德建设，培育好社会主义事业接班人，为新时代国家教育强国做出更大的贡献。

教育好下一代责任重大，使命神圣，市西中学将持续认真扎实做好关心下一代工作，发挥好老一辈的特殊作用，促进市西学子全面发展，为党育人，为国育才。

小学道德与法治文本中道德诊断的“三化”策略

陈雪玲

摘　要：培养儿童具有一定的道德判断能力，是小学《道德与法治》课的一个重要任务。小学《道德与法治》教材中设计了许多道德诊断类的文本板块，帮助进行小学儿童的生活德育，能够初步形成儿童哲学，让学生学会道德判断。文章对教材中的道德诊断类文本进行梳理、分析，并且在课堂教学中运用“三化”策略化文本为立体，化表象为内在，化单一为持续进行开发。

关键词：道德与法治；道德诊断；“三化”策略

一、问题透视

道德诊断是个人以自身道德认知对事件进行判断。它是对道德行为、道德规则的一种固化，进而不断驱动学生的道德情意，塑造起自身的道德意志，最终转化为道德行为。

目前的实际课堂教学中，道德诊断的教学内容出现了一些问题。在教师教学时，道德诊断的结构无序错乱，目标没有梯度。课堂教学出现的道德诊断环节，大部分都是判断对错，浮于道德诊断的表层，没有深入道德底层的内涵。课堂上关于道德诊断内容的教学方式更多的是说教式、灌输式。诊断形态如此单一、僵化，学生摸透了道德诊断的路数，从而引起学生缺少内在驱动力。

二、结构梳理

笔者将《道德与法治》教材中关于道德诊断的内容分别从低段、中段、高段进行梳理，从中发现道德诊断内容指向的是行为方面、安全方面以及法治（制度）方面内容。其中，低段教材以行为方面、安全方面内容占多数，高段教材中以法治（制度）方面内容占多数。

我们可发现，从内容上看，教材中的道德诊断内容从学校及自身生活的各方面，到社会生活上的各个方面，再到社会生活的各种规则制度，它呈螺旋递增的一种形态；从形式上看，道德诊断的形式有判断式、提问式、讨论式等。教材中道德诊断的内容、方式都是比较内隐的，教师需要进行二度开发，显化建构。我们应将生活的灵动融入一板一眼的道德课堂教育之中，杂糅成能够在多元价值观社会中立足的道德教育模式，[1] 从而形成一种交融、递进的道德诊断方式。

三、道德诊断在课堂上的运用策略

历来，让学生掌握在实际生活中所需要的道德知识被预设为学校道德教育的核心目标，并将其作为逻辑起点和检验成效的准绳。道德诊断是掌握道德知识的道德诊断教学方式中形成的一种单向性教学，无法形成学生自身拥有的一种儿童哲学。由此，笔者针对道德诊断教学方式提出“三化”策略，即低段化文本为立体，中段化表象为内在，高段化单一为持续。

（一）低段：化文本为立体

低段《道德与法治》教材中出现的道德判断板块大都是要学生填一填序号，写一写对错之类的内容。这样的道德判断方式仅仅是“老师教，学生学，学校考”的程序化教学模式。学生的道德判断能力会在贫瘠而柔软的理论之中消失殆尽。在教学中，不能空对空，教师要化文本为立体，使学生懂得道德诊断不仅是二元对立，更要辩证对待。要让学生通过思维的碰撞让道德判断显得立体。在一年级下册《道德与法治》第 11 课《让我自己来整理》的教学环节中，进行如下教学：

作者简介：陈雪玲，上海师范大学附属宁波实验学校一级教师。

● 课前围绕课本中的两张图片创编一个绘本故事

师：小朋友们，看到你们把小伙伴送回了家，伙伴们可开心坏了！你们真是一群乐于助人的好孩子。可是你瞧，这里的小朋友又有一些小问题了。

● 出示绘本故事

师：看了这个故事，你们想说什么？

生1：他们这样不对。

师：你们说得对。那接下来我们小组4个人相互说一说，你会怎么劝这两位同学。然后我们进行一个“我是劝说小达人”比赛。

● 小组内互说，评选最佳劝说达人

师：我相信在我们班同学的劝说下，这两位同学一定会知道要从小就学会自己整理。

（二）中段：化表象为内在

在中段小学三四年级的《道德与法治》教材中，很多是让学生用谈一谈、说一说的形式进行道德诊断，如此形成的道德诊断能力只是表象性的，从“知”到“情”而已。作为教育者，要在中段《道德与法治》教学过程中融入辩论、剧本表演、案例研讨会等形式的道德诊断方法。

1. 真实情境再现，助力表象内在化

三年级上册《走近我们的老师》一课，用道德诊断“被老师误会后”该怎么办这一环节时，笔者以为不要让学生做“赵括”，光纸上谈兵。学生从自己的真实情况出发，与老师面对面谈他们之间曾经有过的误会，将书本上的表象情况，转移到自身身上。通过真实情境再现收获的道德认知，比光动动嘴皮子说两句要实在得多。通过面对面再现，促使学生与教师的距离走近了，心与心也走近了。

三年级上册《走近我们的老师》课堂片断：

师：同学们，在我和你们的相处过程中也一定有过这样那样的误会，谁愿意把以前我对你的误会说出来？

生1：老师，二年级的时候，有一次我的作业本被水弄湿了，拿回学校后，您批评了我。其实那不是我故意弄湿的，是我妹妹把牛奶倒在了上面，为此我还跟妹妹吵了架，哭了很久。

师：嗯，我记得那一次。原来事情是这样的，确实是老师没调查清楚事情的来龙去脉误会了你，实在是很抱歉，现在我得正式跟你道个歉，你能原谅老师吗？

生1：当然能，我没有怪老师。

师：请坐。还有吗？

生2：上次的运动会，老师表扬了拿了名次的同学。我参加了比赛，可是没有获得名次，我觉得老师您不关心我。

师：你这个提得好！这真的是我的一个大疏忽！同学们，你们要知道，不论外在与成绩，每一个同学在我眼里都是最棒的最闪亮的。谢谢你的提醒，我以后一定会关注到你，关注到每一个同学。

生2：谢谢您，把心里的话说出来后，真好。

师：每个人之间有误会了，或者哪里做得不好的了，大家可以用正确的方式提出来。

2. 剧本表演模拟，催产表象内在化

三年级下册《文明守法，平安出行》情景剧教学，看到他人不遵守交通规则时，该怎么办？让学生判一判、说一说，学生只会说如何劝，正经教导他人该怎么正确做。这只是一种表层的道德诊断，是学生在自己理想的道德环境下设定的一些行为语言。但现实生活中，事情的发展并非这么理想。所以在教学该环节时，可以安排剧本表演的方式，将在提醒他人遵守交通规则时所遇到的他人的责怪与不理解等真实的社会情况呈现出来，催产教材上的道德表象，生成学生内在的生活德育。

3. 试当体验者，实践表象内在化

三年级上册《生命最宝贵》第二课时里，学生诊断在爱护自己的生命和身体方面，哪些地方做得好，哪些地方做得不好。除出让学生在课堂上谈自己爱护生命和身体的事情外，以“爱护身体，好好活着”作为一个点，拓展到“掌握一些基本的药理知识亦是保护身体、珍爱生命的保障”“劳动也是一种健康的运动方式”。笔者将课堂延伸到教室外，带领学生在学校内的中草药基地进行实践体验。首先带领学生认识中草药基地的各种草药，了解它们的药用效果，然后让学生制作各类中草药的标识牌和使用说明。从制作的实践中了解草药的功效，也知晓了这亦是一种爱护身体的方式。

从一开始的单一的言语道德诊断，转化成利用体验者身份进行道德诊断后的实践体验，实实在在地将表象的文字化为学生内在的生活德育。

（三）高段：化单一为持续

高段《道德与法治》关于道德诊断的教材中，道德诊断的方式仍是让学生判断案例的对错，事情的好坏。学生的道德诊断不仅仅是错与对，好与坏，而且诊断的指向要多方面，诊断的内容与角度要慢慢丰满起来。涉及两难问题判断时，不是单一的，而是一种递进的、持续的。第一层次上，让学生完成习题；第二层次上，就需要二度改造习题。让学生在现实活动中进行讨论、辨析，身临其境，慢慢对这些教材中设置的情境有方法，真正走进儿童生活德育。

《道德与法治》五年级上册的第五课《协商决定班级事务》一课，需要学生道德诊断在班级事务讨论之时遇到了不同意见，我们应该如何对待。笔者认为，第一步，先让学生口头表述自己遇到该情况时内心的想法与做法。第二步，班级内部真实地组织一场班级讨论会——班级布置主题协商会。全班学生开会协商班级一学期里每个月的布置主题以及相关分工。这样的道德诊断方式不再单一，每个月都要开一次班级布置协商会，如此一来道德诊断后续还会一直持续下去。

在《道德与法治》课堂上把道德诊断方式进行二度改变，课堂上使用多样化的诊断方式，把原本枯燥的文本变得立体化，把表象的德育内化成为自身德育，把单一的德育诊断改造成一种交融、递进的方式。通过以上策略实施，学生更能贴合生活实际，将文本德育内化为自己的生活德育，形成儿童自身的哲学。

参考文献

［1］朱家安，贾昂. 道德价值判断能力的缺失与培育［J］. 中国德育，2016（03）：11—14.

（上接第 67 页）

促进教育教学质量的提高、科研能力的提升。摸清“路子”，方能徐缓前行。

3. 搭台子：竞赛比武让专业成长更有“劲”

竞赛比武是青年教师展示教学力与科研力的一面“镜子”，既可以看见自己阶段性的成长，又能照亮别人。通过基本功竞赛，以赛促训、以赛促研，不断增强青年教师履行教学职责的能力，提高青年教师的教学质量；通过校本教研，大家一起集体备课、听课评课、课题研究等，共同探讨，共享经验，以教学经验推动科研的深入与创新。有一股持续向前冲的“劲”，方能一路芬芳似“景”。

4. 架梯子：三课融合让专业成长更有“色”

三课融合，是指课堂、课题、课程的共通、共融、共赢。课堂的实践与课题的提炼生成、落地生根是双向互通的。课题研究的成果可以转化为教学育人的课程，最终再回到课堂。三者本质上是教学力与科研力的融合，其互动、互通、互惠的特点让青年教师的专业成长更加“有声有色”。

教学力与科学力的双轮驱动，既是青年教师实现专业成长的有效路径，也是学校发展的必然选择。教学和科研没有捷径可走，青年教师要立足现实，努力提高自己的教学力与科学力。在实践中积累，在积累中研究，在研究中思考，在思考中实践，一步一个脚印、一步一个台阶，砥砺奋进，定会在专业成长中遇见更好的自己。

参考文献

［1］马章民. 教学与科研并重，做合格高职教师［J］. 新课程研究（中旬刊），2010（07）.

［2］陈祚文，谭军. 如何做一个科研型的中学教师——以遂宁南山国际学校为例［J］. 绵阳师范学院学报，2014，33（06）.

“自由”语文课堂形式初探

李丽霞

摘　要：新课程背景下的语文课堂是自由开放的、充满活力的课堂。而当下的语文课堂教学过于强调节奏感、设计感，限制了学生学习行为的自由，学生缺少自主思考，不敢自由表达观点。文章认为，一个理想的语文课堂，应该以鼓励学生敢于冲破束缚去思考问题和发表见解为基础，促进学生主动思索，让学生体会成功的快乐。教师在构建课堂时需要创设情景，让学生在情境中产生联想。

关键词：新课程；语文课堂；自由开放

《义务教育语文课程标准》指出：语文教学应注重学生个性发展，让每一个学生以自己独特的方式参与语文，感受语文，学习语文。[1]有学者指出，要把保障学生的“心理自由”和“心理安全”作为创设教育环境和氛围的核心。对于课堂来说，所谓自由，是不对儿童的独特想法进行挑剔，使其敢于自由地发表自己的见解，获得创造的自由感。的确，学生只有在思维开放的条件下，才能积极主动地参与，才能大胆地提出问题。[2]在语文课上要想使学生保持浓厚的兴趣和丰富的想象力，教师需要创设一定自由的学习情境，把学生的学习变得自由、开放。今天我们要的语文课堂应该是“自由”的。这里所提到的“自由”的语文课堂，并非放任学生不管，让他们在课堂上自由玩耍打闹，而是鼓励学生进行自由自主地探究学习。

我们都是从学生时代一步步走来的，在读大学时我曾忍不住去想——“如果语文课堂是怎样怎样的，一定更好吧。”不过当时没有机会去改变课堂模式。然而现在再次面对这个问题时，我成为了语文课堂的设计者，拥有的力量可以去将曾经美好的设想变成现实了！众所周知，学生只有在宽松的、自由的环境里，才能最大限度地发挥其创造潜能。那么“自由”的语文课堂应该是怎样的呢？我想从以下几方面来谈谈我的想法。

一、用心引导，让学生敢想

一年级的学生，有很大一部分往往怕说错，怕老师批评，怕在同学面前出丑，而不敢站起来表达自己的想法。究其原因，就是一个“怕”字作怪。作为教师，我们要让学生敢于冲破这种束缚去思考问题和发表见解。因此，在教学中我细心呵护和热情鼓励学生的思想自由，不论学生的想法多疏浅或多异想天开，我不批评，不嘲笑，更不彻底否定，而是积极引导学生克服过分担心的心理。例如，在教授《荷叶圆圆》时，我提出一个问题：课文的题目为什么是《荷叶圆圆》而不是《荷叶绿绿》呢？这时我关注到有一个小男孩，他已经把手举起来了，但是对上我的目光后，他默默地把手收了回去，接着又举起来，然后又收回去。这时我走到他身边，用手轻轻搭在他肩膀上说：“老师想请你来回答这个问题。”于是他缓缓地站起来支支吾吾地说：“因为《荷叶圆圆》好听，所以题目用《荷叶圆圆》。”对于该学生的回答我并不直接否定，而是给他一个肯定的眼神和微笑让他坐下，我说：“嗯，你发现了荷叶圆圆是美丽的，很好。”我再问：课文的题目为什么是《荷叶圆圆》呢？渐渐的举手的人多了，虽然答案是五花八门的，但是我并没有急于给答案，而是引导他们想一想：圆圆的是写荷叶的什么呢？绿绿的又是写荷叶的什么呢？这时学生纷纷举手争着回答：“圆圆的是荷叶的形状，绿绿的是写荷叶的颜色。”接着我再次引导，课文中写到的摇篮、停机坪、歌台和凉伞是

作者简介：李丽霞，上海师范大学附属儋州实验学校二级教师。

写荷叶的颜色还是形状呢？忽然有好多学生举手说："老师，我知道了，我知道为什么了？"在教师一步步引导之下，学生明白了课文题目是《荷叶圆圆》的原因，同时，学生在这个过程中也逐渐克服害怕的心理，敢于在课堂上思考问题以及发表见解。

二、巧设妙问，让学生勤想

"一花独放不是春，百花齐放春满园。"在课堂当中，一年级的孩子往往是看得多、想得少。教师要让学生在不受约束、勇于想象的基础上，促使学生积极连续勤于思考问题。因此，在学习语文的过程中，我会巧设问题链，让学生一环扣一环地连续勤想，从而激发学生的学习兴趣，使学生主动思考、积极参与课堂学习活动。例如，在教学《猴子捞月》一课时，齐读课题后我首先引导学生想一想：看到这个课题你想知道什么？有的学生说想知道猴子为什么捞月，有的说想知道猴子是怎样捞月的，有的说想知道猴子捞月成功了吗……然后我再让学生自读课文寻找答案。其中有这样一个问题：猴子为什么捞不到月亮？月亮是真的在井里吗？学生立刻又认真地思考起来，并展开了激烈的讨论。可见，急于寻求答案的心态能够激发他们主动思考。

在问题的引领下，让学生逐步展开连续的思维探索。在授课《夜色》第二课时，上课伊始我以"这个胆小的孩子后来变得怎么样了？"这一问题启发学生思考，学生通过朗读课文并思考都知道这个胆小的小孩变得勇敢了。在此基础上，我接着问：究竟是什么原因让一位胆小的小朋友变得勇敢了呢？为了解决这个主问题，我连续让学生边阅读课文边思考这些问题："妈妈讲故事的方法并没有让'我'变得勇敢，爸爸又会想出什么办法让'我'不再害怕黑夜？""爸爸拉着我去散步，'我'是想去的吗？从哪里可以看出来？""想象一下，当'我'走出家门，走进夜色中，'我'看到了怎样的景象？""从文中哪里可以看出'我'不害怕了？"这些看似简单的问题，却激发了学生的学习兴趣和求知的愿望。为了能够回答老师的问题，学生无不积极主动思考。

三、及时肯定，让学生乐想

每一个处在社会中的人都有一种获得认可、赞扬的需求，小学生的这种需求更为突出。课堂中他们更希望得到老师的肯定，及时客观的肯定能使学生主动参与教学，增长并乐想于教学活动中。因此，在课堂中我经常肯定学生的想法，让学生在我的认可中获得成功的快乐。即使学生答错了，我也先肯定有价值的部分；对于内向的、自控力较差的学生，我也会根据其特点给予适当的肯定[3]，让学生感到自身的价值和存在的乐趣，从而达到让学生喜欢思考，愿意动脑筋的教学效果。例如，在教授《小青蛙》一课时，我正准备给学生进行范读，一个女同学突然举手说："老师，我会读这篇课文，让我来为同学们朗读吧。"我予以肯定，并和其他同学一起认真地听她读。读完后，我发现她有几处地方音没读准，几句难读的长句停顿处也没读好，然而作为语文老师又不能不指出她读错的地方。但是，我并不想打击她的积极性，于是，我先提议让所有同学为她的勇气鼓掌，接着请大家听我读，并要求其他学生找出我与她读得不同的地方。有了这个问题作为铺垫，同学们听起来更认真了。同时，在后面的课堂中学生更加积极举手回答问题了。

我们班有个小女孩，她平时上课听课很认真，还写着一手的好字，但是上课很少举手发言。有一次在课堂上教到"蜘、蛛、蚂、蚁、蜻、蜓"这六个生字时问："谁敢来挑战读一读？"几乎每个学生都举起了自己的小手，唯有她不举。我知道并不是她不会，只是她不愿意发言而已。我说："请同学们放下你们的小手，老师来点名字读，叫到谁谁来读。"我点了这位小女孩的名字，她站起来很快读完了黑板上的生字，而且读得音很标准，声音也很响亮。她读完后，我连忙表扬："读得多好呀，声音响亮，发音准确，真是个读书的小能手，我们送她一朵小红花。"其他学生边说边做动作："小红花，送给你。"这时我再看向这位小女孩，她正抿着小嘴在开心地笑呢！从那堂课之后，她的小手就像雨后的春笋一样在课堂上不断地"冒出来"，回答问题的次数明显比以前多了。

表扬的力量可以是无穷大的。我所教的班级里有这样一位学生，上课不愿意听讲，在课堂上都是自顾自地玩，上交的作业基本都是没完成的。有次我在教学《姓氏歌》时问："谁能学着课文的样子介绍自己的姓氏？"这名学生直接大声的喊着；"我姓范，草字头的范。"虽然他的行为不符合课堂常规，但这次我没有批评他，而是对他温柔一笑。我记得他当时一脸诧异，我感觉我的态度让他有了一些微妙的变化。于是我趁热打铁，追问他："你的同桌姓什么？""他姓吴，口天吴。"他一脸自信地回答。这时我从对他无声的表扬转换到有声的表扬，他不好意思地低下了头。从此在课堂上我故意看不到他的缺点，同时放大他的优点，给他预设基础性问题，然后毫不吝啬地夸奖他。如在书写教学上，我经常让他找出字的关键笔画；在学习课文时，我会指定他回答这篇课文一共有几个自然段；渐渐地，他真的改变了。如今的他上课能够认真听讲、争着回答问题了，作业也能按时完成了。

表扬这一词不是好学生的专利，后进生也需要。每位学生都有获得成功的愿望，作为教师要让他们在学习过程中获得成功的快乐。

四、情境创设，让学生联想

教师要根据教材的内容和学生的特点设置教学情境，学生在教师创设的情境中产生联想，在相互交流中进行想象能力的拓展，这样才有利于学生学习与掌握课文。在教授《动物儿歌》这一课时，我首先出示动物乐园图片，通过语言的描述引导学生进入情境："同学们，今天老师带领大家去动物乐园逛逛。观察图片，图中有哪些动物呢？动物们在那里又在干些什么呢？"采用图片和语言描述的方法导入新课，通过进入动物乐园渲染气氛，学生的学习激情一下子就上来了。之后，通过让学生朗读儿歌，引导学生以"图画中的动物有（　　）、（　　）、（　　）、（　　）、（　　）和（　　）"的句式进行描述。在图画和有趣的问题下，学生轻松地完成了语言训练，体验到学习的乐趣。[4]

在学习形声字教学中，我创设了帮小蝌蚪找妈妈的学习情境："小朋友们，蝌蚪找不到妈妈了，你们能帮帮它吗？只要完成任务，就能得到蝌蚪妈妈的线索，大家快快行动吧！"让学生通过观察"蜻、蜓、蚂、蚁、蝌、蚪"这六个生形声字，让学生自主发现形声字形旁表义、声旁表音的特点。在此过程中学生积极举手回答自己的发现，学生识字兴趣高昂。接着，我让学生运用形声字的规律尝试猜读"蜈蚣、蚊子、螳螂"这些形声字的字音。在巩固形声字的基础上让学生联想到前面在《小青蛙》中学过的形声字"清、请、晴、睛、情"。此时趁热打铁，我继续引导："儿歌中还藏着四个形声字，你能找到它们吗？找到就能帮助小蝌蚪找到青蛙妈妈啦！"学生闯关激情高涨，在游戏中攻破难点，让学生在充满趣味的情景中快乐而有效率地学习。

以上就是我对"自由"语文课堂的一些思考。一个理想的语文课堂是以鼓励学生敢于冲破束缚去思考问题和发表见解为基础，促进学生主动思索，从而获得成功的快乐。教师在构建课堂时需要创设情景，使学生在情境中产生联想。

参考文献

[1] 熊莉莉. 给个空间，让学生自由发展 [J]. 儿童音乐，2004（02）：45—46.

[2] 朱建新. 解开束缚，为学生创造一个自由的语文课堂 [J]. 新课程（小学），2016（10）：146—148.

[3] 吴琼. 让阳光洒遍心灵——浅谈赏识教育在音乐教育中的作用 [J]. 科学大众，2007（12）：3.

[4] 史香兰. 着力"三重"，创设情境，趣味读写——《动物儿歌》教学心得 [J]. 小学教学参考，2022（15）：30—32.

以学定教背景下小学语文综合实践活动设计策略探究

章　衎

摘　要：小学语文综合实践活动是指以实践为基础，以语文为纽带，融合多学科知识的教育活动。通过多种形式和方式的实践活动，让学生体验语文知识的真实性、实用性和生活性，提高学生的语文运用能力和思维创新能力。文章从小学语文综合实践活动的内涵和重要性出发，结合以学定教背景，从目标设计、活动内容与文本的关联性、多元化活动实践开展和个性化评价四个方面进行研究，推动小学语文综合实践活动的目标落实和质量效果提升。

关键词：以学定教；小学语文；综合实践

《义务教育语文课程标准（2022年版）》指出："语文课程是一门学习国家通用语言文字运用的综合性、实践性课程。工具性与人文性的统一，是语文课程的基本特点。"近年来，我国教育迈向素质教育，语文教育不再单一注重知识的灌输，而是更加注重提高学生语文素养，强调通过综合实践活动培养学生的语言运用能力。正如新课标所言，"义务教育语文课程培养的核心素养，是学生在积极的语文实践活动中积累、建构并在真实的语言运用情境中表现出来的，是文化自信和语言运用、思维能力、审美创造的综合体现"。因此，在以学定教背景下，小学语文教学需以学生的学习情况为基础，针对学生的实际情况和需要，制定合适的教学计划和方法，让教学更加贴近学生的需求，更有针对性，更加灵活和有效。如何基于以学定教背景，设计一套科学合理的综合实践活动，以更好地实现教育教学目标，提高教学效果，是摆在教师面前的一项重要任务。

一、小学语文综合实践活动的概念及重要性

小学语文综合实践活动是指将语文知识与实践活动相结合，通过实际的活动形式，让学生在学习的过程中，实实在在地体验和感受到语文知识的应用和实际价值，并通过实践活动不断提高语文素养、综合能力和实践能力。[1]这与《义务教育语文课程标准（2022年版）》坚持创新导向的修订原则不谋而合。新课标强调要"强化课程综合性和实践性，推动育人方式变革，着力发展学生核心素养。凸显学生主体地位，关注学生个性化、多样化的学习和发展需求，增强课程适宜性。坚持与时俱进，反映经济社会发展新变化、科学技术进步新成果，更新课程内容，体现课程时代性"。这些要求说明，基于新课标制定的小学语文综合实践活动，可以使学生更好地理解掌握语文知识，让学生亲身体验语文知识的应用和实用价值，培养学生对语文的兴趣和爱好，从而增强学习语文的积极性，进一步提高学生的语文素养和语文应用能力。

二、小学语文综合实践活动的设计策略

1. 目标明确

首先，在设计综合实践活动之前，要明确活动的目标，比如提高学生的口语表达能力、培养学生的团队合作精神、增强学生的创新思维等，这些目标应该能够具体衡量，并且与小学语文综合实践活动的主题密切相关；其次，要准确定义活动任务，即活动中的任务应该能够支持和达成活动的目标，比如，要确保任务明确且具体、任务的时间和地点要清晰明了、要与学生的年龄和能力水平相适应、任务的质量和难度也要确保能够让学生从中有所收获等；再者，要设计合适的与任务相关

作者简介：章衎，上海师范大学附属第二实验学校，一级教师。

的教学活动，如小组讨论、角色扮演、实验演示等，确保学生能够通过这些活动更加深入地学习和理解所学的内容。同时，教学活动也应该能够促进学生的思考和创新；[2]最后，为了确保活动目标的实现，需要对学生的学习情况进行跟踪和评估。比如，可以通过观察学生的作品、听取学生的表达、记录学生的思考，来评估活动的效果并确定是否达到设计的目标。

以部编版五年级下册《少年闰土》这篇文学作品为例，在开展不同类型的综合实践活动时，必须要有明确的活动目标。比如，如果要组织学生在课堂或活动中分角色朗诵《少年闰土》中的人物对话和描写，以提高学生的语音语调和表达能力，其设计目标就应该是提高学生的口语表达能力，使学生更加透彻地理解文学作品中的情感和事件，提高学生情感认知水平；如果是以《少年闰土》为故事主线，组织学生编写小剧本，培养学生的想象力、创造力和团队合作精神，其设计目标就应是通过创造性的思维和协作能力的培养，提高学生的创造性思维和动手能力。除此之外，还可以"拓宽学生的视野和知识面，提高学生的综合素质"为设计目标，组织学生进行科普知识学习，发掘文学作品中所涉及的自然环境、历史背景和文化知识，并引导学生展开深入了解和探究，提升学生的合作交流能力。

2. 活动内容与文本的关联

小学语文综合实践活动设计需要考虑到活动内容与文本的关联，以帮助学生更好地提高语文综合素养。因此，要基于教材和学生的实际情况，选择一个贴合课文文本内容和故事情节的活动主题。[3]例如，选择一篇阅读课文作为活动材料，将活动分为阅读理解、绘画、写作等多个环节，从不同的角度深入挖掘文本；要结合学生日常生活和实践经验，采取亲身参与的形式开展活动。例如，在节日活动中，让学生通过制作贺卡或绘制节日场景，来理解文本中有关这个节日的知识，并且用动手实践更好地理解和记忆；还可以借助多媒体、图书、音频等方面的资源，让学生在不同的媒介中接触文本。例如，让学生针对一些文本音频，进行角色扮演，以更深入地理解人物性格和故事情节。通过以上方式，可以引导学生通过分析文本的结构、语言运用特点等深入挖掘文本内涵，从而能够有的放矢地进行活动设计。

以部编版五年级下册《刷子李》这篇课文为例，教师可以设计与文本内容关联的"字里行间众生相，大千世界你我他"语文综合实践活动。教师在活动设计时要注重学生的学习需求，结合教材内容和学生实际情况，融合多种教学手段，使学生从多种角度深入理解和掌握文本知识。《刷子李》中描写了刷子李的高超技艺和其徒弟曹小三对其传说的半信半疑。文中通过叙述刷子李刷墙时的规矩和穿着，以及几句简短的话语，凸显了刷子李对自己技艺的底气和自信。同时，文章通过描写曹小三对师傅的仰慕和惊叹，衬托出师傅的高超技艺，并进一步肯定了刷子李的传说。值得一提的是，作者采用了间接描写的手法，通过细节描写展现了刷子李真正的实力，这种准确而生动的叙述方式给读者留下了深刻的印象。基于此文本内容，教师可以设计如下的综合实践活动：

活动目标：理解人物描写的基本方法和技巧，能够从字里行间、语言细节、情感描写等多个角度深入分析人物形象，提高写作能力。

活动内容：以一两个短篇小说为背景进行导入，让学生认识人物描写的重要性和作用；通过教师讲解和演示，让学生观察多媒体课件中的视频展示，分析可以从哪些方面体现人物的个性化特点，比如外在形象、讲话方式、动作行为、他人评价等，通过分组讨论，总结人物描写方法；最后，可以让学生运用所学知识，以《红楼梦》等经典文学小说为素材创作一个人物形象，并在组内展示，由其他学生给出点评。

评估方式：获取学生写作的文本，考察其对人物描写的理解和运用的能力，以及学生的文本的语言表达和写作能力；在组内或班级内进行习作展示，并通过老师和学生的综合点评、排名等方式评估学生的表现。

3. 多元化的活动形式

设计小学语文综合实践活动时，可以考虑采用以下多元化的活动形式：第一，小组讨论活动。可以把学生分成小组，让他们讨论一个话题或问题，并撰写小组总结报告和展示活动，提高学生的合作能力和口头表达能力，促进他们之间的交流和学习；第二，调查活动。可以让学生针对特定的话题进行调查，收集相关资料并展示所得结论，提高学生获取信息和整理信息能力的同时，也可以增加他们对语文知识的理解和掌握；第三，模拟活动。可以让学生模拟某种情境，如当演员、记者、辩手等，并让他们在这个情境中进行口头或书面表达，提高学生对语言运用的灵活性和适应性，增加学生的情感体验和人际交流能力。[4]或者让学生参与某种工作或项目，比如编写报纸、杂志、剧本、诗歌等，提高学生的写作能力、实际操作能力和感性认知能力。

以部编版五年级下册第六单元的口语交际活动"我是小小讲解员"为例，要设计多样化的综合实践活动，传播我国的非物质文化遗产，可以从以下几个方面着手：首先，可以结合学科知识、艺术创作、专题研究等方式，开展多样化的活动，如制作模型、课堂讲解、文化展览等，让学生从不同角度深入了解非物质文化遗产，增强他们的创造能力和文化自信心；再者，可以在实践活动中融合科学、文化、艺术等多个领域的知识和技能，通过交叉学科的融合，让学生深入了解非物质文化遗产所蕴含的多个层面，从而真正学以致用，如结合化学知识，制作染布，结合美术知识，绘制传统图案的剪纸等；再者，可以开展团队合作和交流活动，如设计非物质文化遗产主题的展览、文艺汇演等，让学生从合作与交流中感受到合作精神和集体的力量，进一步激发他们热爱本土文化，传承非物质文化遗产的意识。

4. 个性化的评价方式

小学语文综合实践活动的评价不仅要注重其学科性，同时也要考虑到学生的个性化差异和成长需求。因此，必须基于任务目标进行个性化活动设置，即活动任务设置要充分考虑到不同学生的个性化需求，包括学生的学科水平、兴趣爱好、思维方式等，确保每个学生都有机会发挥自己的优势，取得成功的体验；同时，评价标准应该设置多个层级，包含具有差异性的技能层面的评价标准和具有普适性的过程层面的评价标准，也应该考虑纵向比较学生在不同阶段的成长情况；再者，要建立及时且具体的反馈机制，从针对性、积极性、支持性、可塑性等方面对个体差异进行关注和支持，鼓励学生在每次活动中都能够获得个人成长；[5]另外，每个学生的不同发展阶段和个性特点应该有对应的记录方式，包括成长档案、个性化提示、小组互评等方式，确保每个学生都能够得到个性化评价和关注。

三、结语

在以学定教的背景下，小学语文综合实践活动是培养学生语文素养和实际能力的重要途径。在设计实践活动时，教师需要先明确学生所需掌握的知识、技能和能力，然后再根据目标制定活动方案，确保活动目标有效实现；要充分利用教材和辅助资料，采用多种教学方法和手段，促进学习者的积极参与，提高活动的趣味性和有效性；要注重实践操作，提高学生的语文知识应用能力；要对学生的实践成果进行差异化评估，并提供针对性反馈，促进学生的成长和进步。

参考文献

[1] 费宏宇. 小学语文教学中"以学定教"的探索[J]. 语文教学通讯（学术刊），2020（05）：57—59.
[2] 刘菊兰. 小学语文综合实践活动的作用及具体实施策略[J]. 新校园，2021（09）：83—84.
[3] 兰庆波. 以学定教背景下小学语文综合实践活动设计策略探究[J]. 学周刊，2015（17）：177.
[4] 施菊香. "做中学"理论视域下综合实践活动与小学语文整合策略[J]. 语文新读写，2021（19）：24—26.
[5] 单建英. 小学语文综合实践活动实施步骤及策略[J]. 课外语文，2020（19）：61—62.

指向知识建构下初中数学深度学习的教学策略

王冬玲

摘　要：“知识建构”从学生感兴趣的地方出发，梳理知识与知识之间的关系，提高学生对知识的掌握程度，形成完整知识体系。教师要提前全面构思深度学习的教学设计，让学生在教学环节中能独立分析数学问题与概念，促使学生全面把握数学逻辑关系、掌握知识体系、熟练运用数学方法，进一步形成数学思维，使学生在这样的课堂中积累数学经验，建立完整的数学知识脉络。

关键词：知识建构；深度学习；初中数学；知识体系

新课程改革以来，教师在整堂课的讲授逐渐被“自主、合作、探究”等学习方式所取代。[1]深度学习不再只是停留在对知识要点的浅层理解和基础应用方面，更多的是帮助学生在学习过程中掌握知识点所在的知识体系，了解知识背后的真正含义，达到知识的融会贯通。具体而言，应从以下四个方面开展：

一、理解教材，研究学生，确立适当深度目标

教师在教学内容选择时要有整合意识，利用多种辅助手段为学生提供深度学习的环境，让学生自然进行深度学习，由此建立起学习的认知会更为丰富。学生思维构建需要一个渐进的过程，沪教版初中数学教材单元的编写具有很强的系统性，每小节的知识都紧密联系，且层层递进。

初中数学沪教版课本中含有很多的“阅读与思考”，是很多老师容易忽视的地方。看似简简单单的阅读与思考，也是针对学生课堂学习的一种延伸，其实里面蕴含了很多知识点，可以扩大学生的知识面，引发学生的思考，激发学生的能动性。在“双减”背景下学生的课业负担的确减轻了，但是在这个过渡期，在没有充足时间进行辅导的时候，“阅读思考”中补充的知识，可以有效地提高学生学习的效率，促使数学知识体系更加完善。如果能把“阅读思考”与教学过程有机地融合起来，引导学生怎么读、读什么，启发学生在阅读中多思考、多分析，那么不仅可以在“双减”背景下减轻学生课业负担，还可以不断提高学生的学习能力和探究能力，真正提高学生的学科素养。下面针对教材中出现的“阅读思考”在深度学习教学中的处理方式谈谈我们的看法。

如在《实数》这一章，七年级下实数，分为实数的概念、数的开方、实数的运算、分数指数幂四个小节，平方根、立方根在生活中很少利用，故学生在学习过程中无法形象地思考，导致学会的知识很容易忘，而课本在“阅读思考”是“无理数”的由来，对$\sqrt{2}$不是一个有理数，有许多学生只是死记硬背，但通过组织学生围绕“无理数”的由来等相关材料，以及有理数、平方根、立方根、实数等概念知识开展深度学习，学生可以对其中的概念知识形成更多的思考，本节课对相关的数学概念进行系统的梳理，能使学生的学习逻辑更为清晰，从而建立准确全面的数学概念。

比如在九年级上“阅读思考”中话说“黄金分割”这一课，通过学生亲自动手、教师指导，学生既学习了黄金分割的知识，也明白了数学知识的相通性、黄金分割与一元二次方程的联系……达到了深度学习的目的，使相关知识相互联系，把知识建立成为体系。

学好课本中“阅读思考”的知识，能有效提高学生分析数学问题和解决数学问题的能力。教师完成重要的概念知识教学后，要积极开展深度学习活动，引导学生对各类已学概念内容进行回顾，帮助学生以整体的视角审视和理解所学的知识，进而在深度学习过程中，理清各数学概念的内在联

作者简介：王冬玲，上海师范大学附属中学闵行实验学校一级教师。

系和主要区别，构建完整的知识体系。[2]

二、创设情景，培养兴趣，激发深度学习欲望

在单独的一节课中如何进行知识建构，达到深度教学的目的？课前要先做好预习工作，教学设计要使问题建立在学生已有的知识储备上，教师需要重点思考三个问题：本节课的重难点是什么，如何设计让学生理解知识点，如何设计练习深入理解，巩固知识。这种课程设计中，学生成功解答不是终点，一定要对知识点进行有效的延伸，引导学生探索课程背后的数学问题。

比如在教解一元一次方程时，中间有一个合并同类项与移项。讲这个知识的时候，我们可以创设真实情景，建构学习路径，要求学生先按照自己的思路分析题目中一元一次方程各项的特点，再引导学生去解方程。最后给足够时间进行小组讨论，和其他同学探讨不同的解题方法，自行去得到最优的解决方法。在交谈的过程中进行数学深度解剖，促进学生对知识点的深入理解。

三、变式训练，注重过程，提供深度学习机会

变式训练是从不同角度、不同方面、不同层次分析数学问题，发现一道题或者一类题的不同之处，以及知识点的内在联系，不仅可以提高学生学习数学的热情，还能激发学生的学习兴趣。教师在课堂中建立合理的、有挑战的变式训练，让学生构建合理、完整的知识体系。[3]学生对于每个变式的发现和分享，都能让课堂气氛活跃，激发学生的求知欲。

在概念教学中，要注重知识的外延和内涵，让学生去“发现”“创造”。变式训练可以增强对知识的理解，教师在对变式教学的课程处理中不可对解题方法盲目求多，要明确类似知识点的合理考察方向，让知识结构化，顾全整体。利用好课堂时间，帮助学生建立解题思路，从问题中寻找各种解决方案。设计好教师提问，引导学生思考，让课堂达到高效。教师引导学生，将有关联的知识板块结合在一起，引导学生学会处理变与不变的问题，突出知识发生与发展规律，构建有效知识体系。

《二次函数的应用》练习设计：

动物园用 60 m 的栅栏在一块空地上为小兔子围成一个矩形的活动场地，设场地的一边长为 x m，面积为 S m^2，写出 S 关于 x 的函数关系式，应该怎样围才能使小兔子的活动场地最大？

变式 1：园方用 60 m 的栅栏围成如图 1 的活动场地，动物园围墙 EF 边上有块空地，园方希望能够利用围墙作为此场地的一边。（1）怎样围出来的场地面积最大，能够达到多少？（2）经测量，围墙只有 25 m 可以利用，此时可以围出的最大面积是多少？

变式 2：为了把白兔和灰兔分开饲养，我们把场地改成了如图 2 所示的形状，现在怎样围才能使场地的总面积尽可能大，能达到多少？

变式 3：用长为 60 m 的栅栏围成一个矩形养兔场，在围养兔场时要求开一道门，门的宽度为 1 m，如图 3，如何设计方案才能使所围矩形的面积最大？

变式 4：现有围墙 MDN 有处夹角 135°，如图 4，园方用 60 m 的栅栏围成一角梯形的场地，不考虑围墙的长度，怎样才能使场地的面积最大？最大面积是多少？

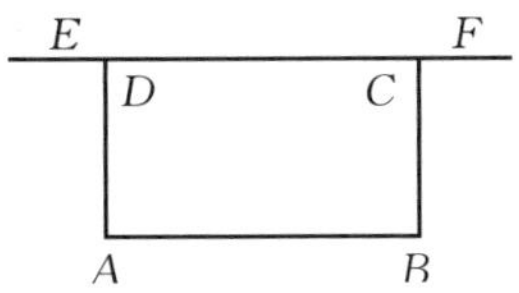

图 1

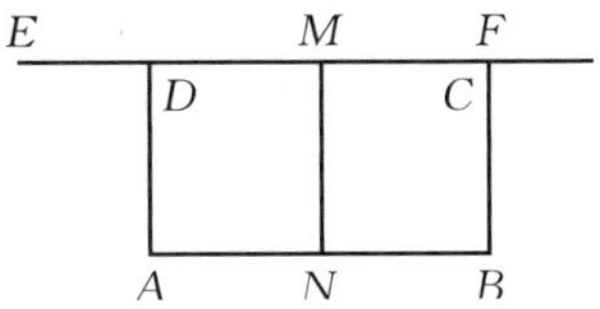

图 2

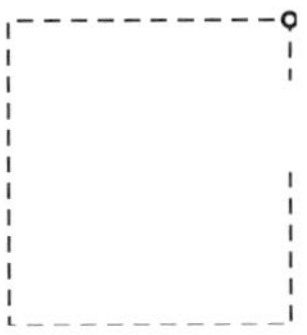
图 3

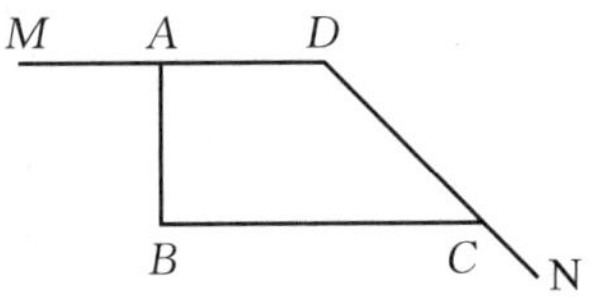

图 4

通过不断变式，培养学生分析问题的能力，使学生在体会到变化的是题目，不变的是解题思想。

四、总结复习，适时整合，提升深度学习价值

前三类方法的使用基本都是从一个知识点或者是一节课入手，但是单元整合教学是建构知识体系、进行深度学习最好的方法。单元教学设计要求教师从课程标准出发，指向核心素养，可以从两

（下转第 98 页）

“双新”背景下高中地理教学流程再造的实践研究

——以“人口合理容量”为例

杨靖华

摘　要：2019 年上海市市西中学首次构建了“漫思实验室”，并在 TeachAI 学习平台上进行了高中地理必修 1 和必修 2 所有知识点的微视频和习题库建设。文章以上海高中地理必修 2 中的“人口合理容量”为例，介绍了如何将 TeachAI 学习平台、漫思实验室主题讨论和传统课堂教学相结合，转变教与学的方式，创新地理教学流程。

关键词：高中地理；教学流程；人口容量

一、“双新”背景下地理教学流程的再造

2019 年 6 月国务院办公厅印发《关于新时代推进普通高中育人方式改革的指导意见》，要求 2022 年前全国普通高中全面实施新课程、使用新教材（以下简称“双新”）。在“双新”背景下，市西中学开展了一系列教学改革。“漫思实验室”是市西中学在 2019 年构建的一个新型学习空间。地理学科教师积极展开“漫思实验室”教学实践，在 TeachAI 平台微视频习题库建设支持的基础上，学生自主选择，实现“线上学习与线下学习、独立学习与互动学习、自主学习与合作学习、讨论式学习与研究性学习、书中学与做中学”相结合。

（一）利用 TeachAI 学习平台进行课前预学

在教研组全体教师的共同努力下，地理学科的 TeachAI 学习平台于 2021 年完成基本建设，高中地理必修 1 和必修 2 的每个知识点都制作了时长约 5 分钟的微视频，每个知识点都建设了供学生训练、测试、补偿性学习、提高性学习的题库。学生可以利用 TeachAI 学习平台进行自主学习，教师也可以通过平台对学生的网学过程进行全程记录，包括学生的学习内容、时间、容量、训练和测试结果、正确率、纠错、预约学习等情况。根据记录进行评价、分析、判断，发现学生学习的薄弱环节，进行有针对性的、符合学生学习实际的、个性化学习资源（学习视频、相关练习）点对点地推送。通过信息化网站平台和虚拟学习空间的使用，使不同学习方式更好地融合，能促进地理学科教学的课堂改革，促进深度学习的开展和推进。

（二）利用传统课堂进行析疑深化

TeachAI 学习平台的使用，满足了学生不同的学习需要，并提供了更适合自己的学习进程，关注了学生的学习节奏及偏好方式。利用 TeachAI 学习平台，学生在传统课堂授课前能达到相对一致的学习起点和学习水平；教师可以相对集中地了解学生的学习问题，这为教师课堂教学内容、教学方式、教学重点的确定提供了更加清晰的方向；教师在传统课堂上可以更加有针对性地进行设计教学，引导学生对疑难问题进行分析，通过问题式教学、案例教学、实验探究活动等引导学生进行深入学习；在课堂上有更多的时间关注学生能力培养、素质提升、思维提升，促进学生长远发展。

（三）利用漫思实验室教学进行思维拓展

漫思实验室是不同于传统教室的共享学习空间，集课桌椅灵活组合布局的讨论空间、资源丰富的网学平台以及实验室于一体，学生根据自己的学习需求、学习风格、学习习惯去自主选择学习内容与学习方式。面对一个学习时段物理、化学、生物、地理学科的 13—16 个讨论主题、近 40 场学习讨论，其中地理学科每次有 2—3 个讨论主题，每个主题有 3 场学习讨论，学生可以自主选择参加讨论的学习科目、讨论主题、讨论场次。在漫思实验室中，学生可自主统筹学习时间和学习空间，

作者简介：杨靖华，上海市市西中学一级教师。

开展思维碰撞讨论和深度学习，提高学习效率，提升学习能力，成为自主学习的驾驭者。

二、教学设计

（一）教学设计

“人口合理容量”是高中地理必修2第一单元“人口”的第3个主题。教材内容主要有人口增长、资源环境承载力和人口合理容量的含义三个知识点。《新课标》对本主题内容的要求是“结合实例，解释区域资源环境承载力、人口合理容量”。由此可见，资源环境承载力和人口合理容量的含义是教学重点，且要求利用实例提供的真实情境，通过分析、比较解释区域资源环境承载力和人口合理容量。

（二）学情分析

学生通过一个学期的高中地理学习，学会了利用TeachAI学习平台进行自主学习，且已经具备了一定的综合分析能力和表达能力。学生通过人口分布和人口迁移两个专题的学习，对人口的空间分布已有一定的了解。本专题关注的是人口的时间变化，学生对人口增长的学习难度不大，人口增长也非本专题的学习重点，故可进行课前自主学习。但学生对资源环境承载力和人口合理容量的概念缺乏系统的认识，需要教师通过具体的案例分析帮助理解两者的区别和联系。

（三）教学目标

在课前，学生通过TeachAI学习平台完成人口增长、资源环境承载力、人口合理容量三个知识点的自主学习，完成相应的习题，提升自主学习能力。

在课堂上，学生通过活动“探究以色列的资源环境承载力”和活动“探究中国的合理人口容量”，学会解释区域资源环境承载力和合理人口容量，培养区域认知能力和综合思维能力，树立人地协调观。

在课后的漫思实验室，学生就“世界总人口突破80亿”开展主题讨论，全面分析世界人口问题，培养综合思维能力和语言表达能力，树立正确的人口发展观。

（四）教学重点

区域资源环境承载力的影响因素；区域资源环境承载力和人口合理容量的区别和联系。

（五）教学过程

1. 课前预学

学生登陆TeachAI学习平台，收看“人口增长”“资源环境承载力”“人口合理容量”三个微视频，并完成相应的习题。

【设计意图】人口增长非教学重点，学习难度不大，适合学生通过自主学习完成；资源环境承载力和人口合理容量是教学重点，学生通过自主学习，对两个概念有初步的了解。

2. 课堂案例学习

活动1：探究以色列的资源环境承载力

【教师活动】播放有关以色列的介绍视频，提问：以色列的自然地理环境有何特点？制约其资源环境承载力的主要因素有哪些？以色列可通过哪些措施提高其资源环境承载力？

【学生活动】观看视频，阅读教材图文资料，以小组为单位，就教师提问进行讨论。

【教师小结】自然资源是影响资源环境承载力的首要因素，而区域资源环境承载力常由区域中最紧缺的要素决定。对于以色列来说，最缺的是淡水资源。因此，要提高以色列的资源环境承载力，主要解决的就是水资源短缺的问题。

【设计意图】通过教材中以色列的案例，帮助学生正确理解影响资源环境承载力的因素，学会分析区域资源环境承载力。

活动2：探究中国的合理人口容量

【教师活动】PPT显示图片“2022年中国人口负增长的统计数据”“中国资源环境承载力”“中国合理人口容量”，提问：中国人口目前处于人口发展模式的哪个阶段？出现了哪些人口问题？对社会、经济、资源、环境产生了哪些问题？影响中国资源环境承载力的因素有哪些？科学家推测中国的人口合理容量是8亿—9亿，资源环境承载力是16亿，为什么人口合理容量小于资源环境承载力？这一数据会变化吗？为实现资源、环境、人口的可持续发展，达到合理的人口容量，中国可以采取哪些措施？

【学生活动】学生根据教师提供的图文资料，进行小组讨论。

【教师小结】人口合理容量是能养活多少人，关键是合理的生活水平，要关注人口的物质需求、精神需要和未来发展可能。人口合理容量是会变化的。而资源环境承载力最多能养活多少人，是一个极限。人口合理容量应小于资源环境承载力。

【设计意图】通过对中国人口合理容量和资源环境承载力的讨论，学生进一步厘清人口合理容量和资源环境承载力的区别，加深对我国的人口国情的认识，树立正确的人口发展观和可持续发展理念。

3. 漫思实验室主题讨论

漫思实验室的主题讨论围绕“世界总人口突破80亿”这一热点问题展开。

> 根据联合国发表的《世界人口展望2022》报告，全球人口在2022年11月15日达到80亿。
>
> **主题1：你认为中国人口发展趋势如何？**
>
> 以前常有“中国养活了世界上五分之一的人口”的说法，现在中国的人口占世界总人口多少呢？你怎么看待中国人口的发展趋势？
>
> **主题2：你有人口焦虑吗？**
>
> 世界总人口突破80亿给人感觉人口爆炸了，但各国情况一样吗？产生的问题一样吗？你怎么看？

【教师活动】设计主题讨论学习任务单，组织学生讨论。

【学生活动】学生自主选择讨论主题和场次，提前查询相关资料，按时进入讨论室进行讨论。

【设计意图】漫思实验室中，学生利用“人口分布”“人口迁移”“人口合理容量”三个主题中所学的相关知识，围绕“世界人口达到80亿”这一时事热点进行讨论，学会辩证地思考人口问题，培养综合思维能力，形成正确的人口观、资源观、环境观，培养人口协调发展的观念。

三、教学反思

在“双新”背景下，教师应转变教学方式，让学生成为真正的学习主体。在课前利用TeachAI学习平台进行自主学习，培养自学能力；课上在教师引导下，通过实验、案例分析等对疑难问题进行合作探究，培养合作能力和探究能力；在漫思实验室进行主题讨论，关注社会热点，拓展学习内容，提升思维能力和表达能力。

参考文献

[1] 中华人民共和国教育部. 普通高中地理课程标准 [M]. 北京：人民教育出版社. 2020.

[2] 黄洁容. 新人教版“人口容量”教学设计 [J]. 科学咨询（教育科研），2020（10）：233.

[3] 刘路遥，王康，梅惠. 基于地理核心素养人口合理容量教学设计——以新教材人教版必修一为例 [J]. 新课程导学，2021（23）：55—56.

陶行知教育引领下的微故事感悟

徐　蕾

摘　要：陶行知先生指出："我们要加入儿童队伍里去成为一员，不是敷衍的，不是假冒的，而是要真诚的，在情感方面和小孩子站在一条战线上。"素质教育，首先应该是充满感情的教育，如果你讨厌孩子，那么你的教育还没开始就已经结束了。没有爱，就没有教育。在教学过程中，教师们会遇到各种性格的孩子，只有走进孩子们的心灵，加入他们的队伍，才能水到渠成。

关键词：陶行知思想；情感教育；儿童教育

一、聚焦——以生活记录故事

【故事聚焦一】

早操时间，小朋友们陆陆续续拿上足球整队准备下楼，这时传来女孩子的声音："这个足球是我的，你要拿球架上还有的。"原来是小雨一定要拿人家手里的球。我过去询问道："球架上还有多的球，你为什么不拿呢？"他没有说话。我接着说："我们的球都是小朋友自己拿的，没有固定，所以你可以去拿多余的球。"他低着头说："我就是要她手里的球。"看小女孩不愿意给，他准备伸手拿过来，但是对方抱住球不愿意退让。

直到最后，小女孩也没有将球让给他，他也不拿任何器械。到了场地上，他开始随处跑，后来直接躺在地上，生活老师以及配班教师多次提醒和沟通后，他也没有理会。整个早操时间他都睡在操场上。

【故事聚焦二】

餐后游戏，小朋友们都在进行建构拼搭、看图书等活动。"这是我刚刚搭的玩具，你不可以拿去的！"一名男孩子大喊，"你看，你都把它弄坏了，我要告诉老师！"于是，这名男孩子哭着过来和我说事情的经过。我蹲下询问小雨："你为什么把他的玩具拆掉了？""我在和他玩呀！""那你有问过他愿不愿意吗？""我是奥特曼，我可以打任何的怪兽，他搭了一个怪兽。"

这两个案例只是来源一日活动中的生活环节，很普通，也会经常发生，发现问题后我并没有马上去指责小雨，而是仔细和家长进行沟通，了解形成这些行为背后的原因。

小雨从小就缺乏与同伴交往的机会，周边没有同龄人与其游戏，最多的时候也是在院子里玩玩具。父母平时工作繁忙，没有关注到孩子的发展情况。有休息时间，父母也是做自己的事情，大多数都是在玩手机，没有用心去陪伴孩子。

长大上幼儿园后，一放学爷爷奶奶就把手机给他，让他玩游戏或者看动画片。在看电视时，内容上也没有选择，只要孩子能够安静就好。

由于从小生理和心理的发展处于这样的情况，在没有良好的语言表达沟通能力、同伴交往能力和自控能力下，小雨无法正确表达自己的需求以及情绪，从而只能通过简单而粗暴的行动来达成自己的目的。最后造成同伴们不愿意主动与他游戏，排斥他的加入，也无法和其他小朋友一样和谐、友好地融入幼儿园一日活动中去。

二、联动——以点助推成长

陶行知先生在《教育与科学方法中》提到："人生到处充满了问题，能解决问题的，唯有科学的

作者简介：徐蕾，浙江省嘉兴市秀洲区王店镇中心幼儿园（梅里园区）业务副主任、一级教师。

方法。”针对小雨的情况，就需要通过家园联动合作解决。

（一）专业支持，家园联动点

在孩子出现心理及行为问题时，教师利用放学时间当面交流以及专业钉钉支持群、微信线上反馈、视频聊天等方式及时与家长进行沟通。以此来调节其交往行为，提升社会适应能力以及情绪表达能力。

1. 言传身教相结合——充实幼儿情感表达

陶行知先生说过：“小树生在大树中间，若大树端正，则小树须向上吸收阳光，自必端正。”由此可见家长榜样的重要性。在与孩子沟通交流的过程中，家长要注重养成亲子对话的习惯，在日常生活中尽量要挤出时间来与孩子谈心和游戏，分享他一日活动中成功的喜悦，平时可以多给孩子一些拥抱和抚摸，通过充分的拥抱将爱传达出去，打开孩子的心门，从而构筑起亲子之间的信赖关系，这也就是“拥抱法”。同时，父母也应该做到言传身教、以身作则，做孩子的榜样，建立真正的威信。下班回家后放下手机，做一些有意义的事情，倾听孩子想法，在陪伴中充实幼儿的情感表达。

2. 多维度活动与游戏相结合——提升幼儿行为能力

家长应该要全面关心子女德智体美各方面的协调发展，在家里要注意多开展有趣的活动和游戏，运用多样化的教育方法和潜移默化的熏陶促进孩子良好的行为发展。比如创设游戏清单，从多维度帮助孩子开展活动，并做好周次记录，以横向发展观察幼儿的提升点。

可选活动内容		陪伴孩子活动时长	孩子表现打分	家长陪伴表现打分
亲子运动				
亲子阅读				
亲子劳动				
孩子社交活动				
电子产品使用				
孩子进步点				

（二）师幼协同，互助互动点

教师的关爱和正确引导，能支持孩子更好地表达自己的情绪，因此要发挥教师教学能力与解决问题的决策力，助推孩子科学、全面的成长。

1. 奖励机制——给予情绪肯定

在一日活动中，教师可以用他喜欢的玩具或物品作为奖励，以“引诱”其配合。平时沟通时教师要表述清楚，表述内容有针对性，语气坚定。同时，需要奖罚分明。在他表现良好时，及时鼓励，出现情绪问题时，指导如何正确表达，并在实施行动后给予肯定。

2. 规则适应——纠正行为问题

首先教师要仔细观察孩子，确定每个令他开心的时刻，以及什么是被他视为积极的结果，为孩子制定可预知的日常安排，便于他执行规则。并且对于每天的安排提供视觉和语言方面的暗示，对他在每一步上取得的成绩给予肯定和鼓励。

3. 亲社会环境——提升集体荣誉

给孩子创造合作的机会，每天都安排一些需要大家共同完成的活动。比如：一起去喂幼儿园的小羊，鼓励他们学会相互帮助，当出现不配合情况时，也不要指责孩子，可以从以下方式引导：“你如果不给她一些，她会难过的。”“你愿意去帮助她吗？”同时，注意捕捉孩子的亲社会行为。比如今天他为其他孩子让路了，帮别人拿东西了，没有任何争吵地在一起玩，教师都可以通过微笑、动作对他的表现作出肯定，引导他融入集体环境中。

（三）同伴引领，幼幼互动点

1. 游戏环境——缓和同伴关系

创设良好的游戏环境，增加孩子之间的交往机会。在晨间区域活动的时候，可以鼓励他和其他小朋友一起进行角色游戏，通过角色游戏实现主动的社会交往。在户外自主游戏时，可以进行创造性游戏，引导其扮演警察指挥交通，建筑师建设高楼大厦。在与好朋友互动中，缓解同伴关系。

2. 分享交往——友好交往意识

开展适合的分享活动，教给孩子正确的交往方法。由于小雨在家里习惯了独自游戏，交往范围也从家庭扩大到幼儿园，明显扩大。这时可以定期让他将家里的玩具带到幼儿园和其他小朋友分享交换，在活动中通过仔细观察他的行为，鼓励他自主与同伴进行交往。活动后也可以请他分享一下：“今天你和谁一起玩了？”“你们玩了什么玩具？是怎么玩的？”以此消除与同伴关系的紧张感。

3. 实践活动——提升交往行为

扩大孩子社会交往的范围，是进一步增强社会交往能力的方式。可以利用幼儿园组织的各类社会实践活动，打破班级和幼儿园的界限。比如：参加图书馆的研学活动、小农场的活动等，在更自由、宽松的环境中鼓励他与其他孩子进行互动，锻炼实际交往能力。

三、后记——以爱融合行为

在家长和教师长期的共同努力及不断关心下，原本不善交往、情绪控制能力差的小雨渐渐地融入了集体生活，并在表达和行为上有了很大的改变。

在一次饭后时间，女孩子不小心绊了一下，手里的餐盘掉在了地上，旁边的小朋友看到了喊道：“老师，×××的饭倒在了地上！”这时小雨说：“掉在地上也没有关系啊，打扫一下就可以了。”说着用旁边的扫把开始进行打扫。小姑娘对他说了一声“谢谢”。后来两人一起在走廊上搭起了玩具。

吃好小点心开始集体教学活动时，小雨就会主动搬好自己椅子坐好。像以前他会教室内随意走动，或者去推一推其他小朋友，如今，他已经能够自主融入学习活动中，并且提醒其他幼儿上课时要坐直，手要放在膝盖上。

以上案例可以体现出在同伴交往上，小雨逐渐掌握了交往的技巧，而且规则意识也有了明显的提高。

四、同行感言

如同书籍中所说：“现在要信仰儿童有能力，是一个小思想家，小创造家，小建设家，只要能因势利导，他们——儿童个个都是思想自由的天使，创造的天使，建设的天使！”孩子都是极具可塑性的，我们要相信每位孩子行为背后都有自己的思想，作为一名教书匠，我们需要用自己的爱和正确的方式引导其更好地发展，“阳性赋意”每一位幼儿，也就是说能够在幼儿消极行为中找出所蕴含的积极元素，审时度势地为其搭建适合的支架，助推孩子们全面健康、快乐成长。

行走的“生活教育”课堂

——五育并举体系下行知教育思想亲子游学之实践

黄乐乐

摘　要：教育要以生活为素材。随着幼儿园课程改革的实施与推进，亲子游学活动已经成为幼儿园外出实践的一项常态活动。农村拥有丰富的自然资源、深厚的文化底蕴、显著的经济特色，成了幼儿游学的好去处。文章通过梳理“自然+社会+人文”的项目内容，倡导“体验+探究+感悟”的实施形式，促进“融合+转变+助力”的多元发展，让幼儿园项目式亲子游学成为课程改革的新途径和新样态。

关键词：生活教育；五育并举；亲子游学

随着幼儿园课程改革的实施，我们一直在思考：什么样的活动是孩子喜欢的？什么样的课程是属于孩子自己的？著名教育家陶行知先生提出了生活教育的思想理论：生活即教育。生活教育的理念很好地为我们的课程指明了方向。

什么是生活教育呢？陶行知先生提出：“生活所原有，生活所自营，生活所必须的教育。”[1]也就是说，与孩子的生活环境、生活经验息息相关的内容皆可以成为课程，只要是在生活中，孩子感兴趣的问题，我们都可以帮助孩子去探索学习。《幼儿园教育指导纲要》指出：“幼儿园要充分利用社会资源，组织社会实践活动，促进幼儿良好社会性品质的形成。”[2]幼儿园亲子游学活动是每个幼儿园都会组织的一项常态活动，目的是让幼儿接触自然、拓宽眼界、增长知识。因此，我们以“幼儿真实生活”为出发点，以“幼儿全面发展”为落脚点，通过项目式亲子游学让幼儿在实践中成为主人，主动汲取、自主探究、快乐成长。

一、梳理“自然+社会+人文”的项目内容

社区资源是亲子游学构建的重要载体，丰富多样的、适宜的社区资源蕴藏着幼儿多方面的兴趣与需求，能够支持幼儿在多样化活动中行动学习、自主探索、建构经验和获得发展。[3]根据本园及本地区的特色，我们对自然资源、社会资源、人文资源三大类进行梳理，将幼儿感兴趣的话题链接到资源库中，进行价值判断和项目方案设计。

	资源分类	资源名称
幼儿园社区资源	自然资源	桃花岛、柑橘园、蘑菇基地、美丽乡村……
	社会资源	垃圾分类科普教育基地、水源地、民防馆、消防中队……
	人文资源	非遗文化田歌、农民画、历史名人丁宾、革命先烈盛阿贵……

图1　幼儿园社区资源目录

1. 挖掘“乡土气息”的自然资源

作为一所农村幼儿园，周边有着丰富的自然资源，这些自然资源具有得天独厚的“乡土气息”。经过梳理，将姚庄的桃花岛、丁栅的柑橘园、横港的美丽乡村等列为乡村自然游学项目。以自然生态为主体，进一步强化自然教育，丰富游学内涵。

2. 联动“生活气息”的社会资源

著名教育家陈鹤琴先生说：“大社会都是我们的活教材。”[4]幼儿园教育不应与社会脱离，校外的社会资源能为游学提供丰富的载体，让幼儿进行社会化的学习。将生态文明方面的污水处理厂、

作者简介：黄乐乐，浙江省嘉兴市嘉善县姚庄镇中心幼儿园副园长，一级教师。

垃圾分类科普教育基地、国防教育基地、消防中队等与游学有计划地联系起来，为幼儿创设真实的学习情境，发挥社会资源的功能。

3. 整合“民俗气息”的人文资源

“一方水土养一方人”，人文资源是一种地方特色文化。历史名人丁宾，革命先烈盛阿贵等，能为游学项目的实施提供丰富的资源。此外，“嘉善田歌”是浙江省非物质文化遗产，而我园地处“田歌之乡”，结合独特的地理优势，可以让幼儿走进身边的非遗，去深入了解家乡的历史和文化。

二、倡导“体验+探究+感悟”的实施形式

亲子游学项目的核心目标不同，对应的核心资源、实施流程也各不相同，为此我们开展了体验式游学、探究式游学和感悟式游学三种类型的游学项目。在不同活动形式中调动幼儿主动参与、自主学习，从而丰富幼儿的亲身体验[5]。

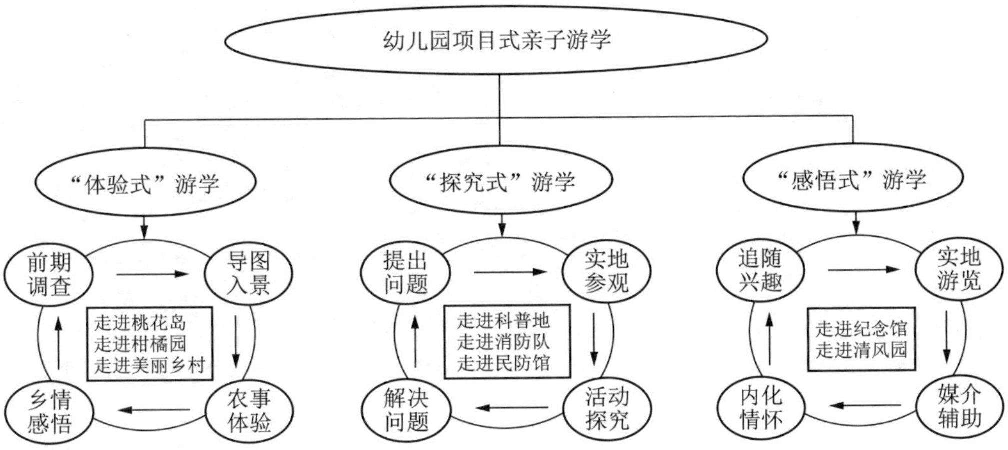

图 2 幼儿园项目式亲子游学框架图

1. 从“找寻”到“实践”——“体验式”游学样态

内涵解析：“体验式”游学的核心在于情感的激发。在游学的过程中，通过与家乡“景”“事”“物”的互动体验，从而实现认知与情感体验的有机结合。

内容创生：

行走之歌——十里桃园，千里飘香。利用本土资源桃花岛，组织全园“亲子毅行”活动。在活动中设置游戏卡点，如听音辨曲、辨识植物等，将室内课堂转移至户外。

劳动之歌——田歌声声，欢唱橘园。秋天是感受大自然最好的季节。孩子们走进橘园，感受秋天果实丰收的景象，自己采摘橘子，体验劳动的艰辛，从中感受农民伯伯边劳动边唱田歌以缓解劳动辛苦的场景。

欢畅之歌——美丽乡村，悠游横港。姚庄镇横港村是美丽乡村的建设地，风景优美，孩子们在当地村委的介绍下了解横港的历史变迁，从而建立起爱家乡、保护家乡生态环境的意识。

“体验式”亲子游学路径，通过讨论确定内容，制定游学导图，开展“全实践”为主的“激发幼儿情感”实践项目活动“十里桃花，千里毅行”“田歌声声，欢唱橘园”等，增进幼儿对家乡美景的喜爱之情，从而对非遗文化进行传承和发扬。

实践案例：“欢畅橘园”体验游

前期调查：“老师，橘子吃起来是酸酸甜甜的”“我没见过橘子树，是长什么样？”主题的选择来源于幼儿的生活。了解幼儿对家乡的已有经验，在此基础上，从孩子的兴趣出发，通过分发调查表了解家乡特产。基于幼儿对橘园的兴趣，确定了欢畅橘园之旅。

导图入景：幼儿、教师、家长共同为游学制定计划，用思维导向图、行进路线图、版块分类图等形式梳理出旅行时间、目的地、准备用品、交通工具、旅行路线等，并根据导图开始实施项目。

农事体验：在游学过程中，围绕橘子的外形特征、生长习性以及采摘方式，引导幼儿边唱田歌

边采摘橘子，从而感受劳动人民的辛苦。

乡情感悟：通过开展“全实践”为主的“激发幼儿情感”实践项目活动，增进幼儿对家乡的美景喜爱之情，从而对嘉善田歌这一非遗文化进行传承和发扬。

在整个活动推进中，幼儿独立思考、操作实践、亲身感受，不断改造、重组、丰富已有经验，在前期经验的基础上，运用、表达、实践、创造与感悟，从而提升对家乡的喜爱之情。具体梳理表如下：

实践流程	幼儿活动	家长、教师支持
前期调查	1. 明确主题、时间 2. 了解幼儿的兴趣点	1. 提问、追问、反问等帮助幼儿不断运用经验，提升计划可行性。 2. 了解、记录幼儿的兴趣爱好并计划制定。
导图入景	幼儿、教师、家长共同制定游学计划，分工准备所需物品	1. 给出优化建议。 2. 给出解决问题的思路，鼓励幼儿运用经验解决。
农事体验	亲子共同感受游学乐趣，体验劳动人民的辛苦	1. 安全保障。 2. 必要的协助。 3. 视频与照片的拍摄。
乡情感悟	1. 劳动中的感受 2. 对家乡的文化感兴趣	1. 旅游小报等形式，让幼儿感受劳动的快乐与自豪。 2. 鼓励幼儿学习家乡非遗田歌文化，并进行传承与发扬。

2. 从“问题”到“发现”——“探究式”游学样态

内涵解析：“探究式”游学的核心在于解决问题。从幼儿感兴趣的问题出发，在看一看、听一听、说一说、做一做等多种感官的参与下，在实践中不断发现问题、探究问题、解决问题。

内容创生：

环保行动——生态科普之旅。组织参观垃圾分类科普教育基地和水源地，通过参观、聆听、互动等方式，激发幼儿积极参与垃圾分类的兴趣，形成节约用水的环保意识，最终实现让绿色走进家园。

防火行动——消防体验之旅。通过参观消防车、聆听消防员讲解消防器材、观看消防水带灭火方法等，以互动体验的方式增强家长和孩子的消防安全意识，培养幼儿对消防员的崇敬之情。

破灾行动——民防学习之旅。通过参观姚庄民防馆，观看防空作战推演沙盘、3D 技术大屏、防毒面具……在讲解员的解说下，了解各种救援器材和应急物品，学习它们的用处和相关民防知识。

“探究式”亲子游学路径，以孩子们的问题导入，由兴趣作为支撑，挖掘社区中有关的资源，进行一系列的探究活动。让幼儿对自我保护有了真实经验，这就是探究式亲子游学项目的魅力所在。

实践案例：“民防基地”探究游

提出问题：随着“安全周”主题的开展，孩子们不断积累着有关“安全”的经验。对于国家民防基地，孩子们充满了兴趣，并提出了诸多问题：“民防基地是什么？里面有什么？”“民防基地的装备设施有什么用处”……林林总总的问题盘旋在孩子们的脑海中，“民防基地”成了那段时间里孩子们最感兴趣的话题。

实地参观：明确游学内容后，家长和孩子一起踏上探究之旅。通过看一看、听一听、说一说等方式，拓展幼儿关于民防知识的新经验。

活动探究：

“民防基地有哪几种警报声”“你想体验民防基地的哪些项目”“火灾防护巾该怎么折”……孩子们带着问题和思考，和爸爸妈妈在游学中边体验边记录。

解决问题：通过交流碰撞，让幼儿以亲子记录表、录像回忆分享探究过程和结果，从而带动全体幼儿多方面建构安全经验。

整个活动推进中，在看一看、听一听、说一说、做一做等多种感官的参与下，在实践中不断发现问题、探究问题、解决问题。通过家长和幼儿在活动过程中得到真实的体验，丰富幼儿的知识，增强幼儿的自护自救意识。

3. 从“内涵”到“内化”——“感悟式”游学样态

内涵解析：“感悟式”游学的核心在于内化情感与感悟。以身体力行的游赏、媒介辅助的观赏等

亲子任务卡 1

参观篇	任务一：参观项目	人民防空厅	了解：人民防空标志及含义、历届阅兵仪式视频、防空作战推演沙盘、空袭兵器、平战转换、防护装备设施等知识。
	任务二：体验项目	公共安全展厅	项目：VR 地震小屋、台风体验、电梯惊魂、模拟驾驶、心肺复苏、虚拟灭火、虚拟报警。

亲子任务卡 2

实践篇	卡点一：辨四种警报声	播放报警器中的四种声音，幼儿一一辨认，正确后可得一枚印章，共四枚。
	卡点二：学交通手势操	幼儿学习图片上的各种手势操，动作规范且能说出名称的得一枚印章，共四枚。
	卡点三：折火灾防护巾	幼儿将提供的毛巾按要求折成火灾逃生时的样子（16 层），完成后得一枚印章。
	卡点四：打求救电话	幼儿模拟打各类报警电话（119、110、120），正确后得一枚印章，共三枚。
	活动要求：将家长和孩子的午餐分放在“丛林”（卡点）里，完成一个任务取得一份午餐，完成四个任务方能将全部午餐取回，同时去解救家长。	

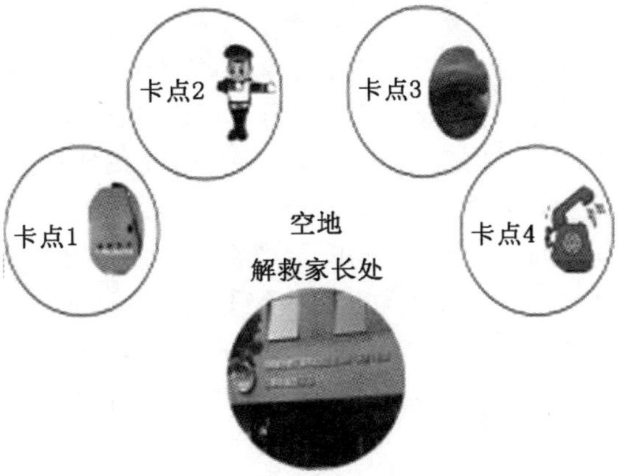

图 3　亲子任务卡

形式，激发幼儿本土情怀与文明言行的感悟，挖掘资源核心价值观，从而内化讲文明、爱家乡、爱祖国的情感品质。

内容创生：

不忘初心——南湖“红船”之旅。家长带领孩子参观各个场馆，讲述革命先烈的英雄事迹。通过看一看纪念馆、听一听中国历史、念一念红船儿歌，让孩子了解中国的历史，明白新中国的来之不易，从而将革命历史、革命传统传播于广大家长和孩子心中。

地嘉人善——清风园“寻根”之旅。“清风园”是以“丁宾故里，风清姚庄”为主题的廉洁文化教育基地。我们利用这一资源，结合清明节，来到清风园，孩子们聆听丁宾故事，缅怀先烈，学习二十四孝故事，让幼儿学会懂得感恩，令廉洁精神在幼小心灵中发芽。

“感悟式”亲子游学路径，教师依据社区资源，设计游学过程中的情境，幼儿通过情境中的互动，以各种不同的形式渲染与表达，在情感上有所触动。这种来自幼儿自身体验的生动的收获，激发了幼儿对红色文化的兴趣，也开启了相关的红色主题教育。

实践案例：“红船精神”感悟游

追随兴趣：2021 年是建党百年，孩子们在电视上听到了很多关于建党百年的故事。在开展《我的祖国叫中国》这个主题时，引发了一系列的讨论：“你去过嘉兴南湖吗？”“你看见过红船吗？”“在红船上曾发生什么故事？”大家都很好奇，幼儿带着问题相约走进了南湖革命纪念馆。

实地游览：通过参观纪念馆、听南湖故事、知红船精神、看中国发展史、实地游览的方式，在亲身经历中获得、发展新经验。

媒介辅助：基于前期幼儿所积累的经验，在爸爸妈妈的带领下了解时局图、虎门销烟、嘉兴火车站等场景，感受旧中国的历史和新中国成立的心路历程，以此不断丰富相关的经验。

内化情怀：通过参观南湖纪念馆，让幼儿直观在积累经验、亲身体验实践中实现情感的升华，在幼儿心中播下自律、坚强、勇敢、合作、互动等“红色种子”。

在整个活动推进中，体验与表达是情景交融、内心感染的效应。在游学过程中，关注幼儿个人自悟或小组体悟，然后借助故事、视频、专人讲解等媒介，了解历史文化背景下的红色文化。最后，通过交流、表征、建构等不同形式，把内化的情怀表达出来。

三、完善“嵌入+分享+联动”的评价方式

1. 贯穿“嵌入式”评价

嵌入式评价是一种在游学过程中的直接评价。围绕游学过程中发生的亮点行为、创意发现等值得肯定的表现，从而引发幼儿与幼儿之间、教师与幼儿之间、家长与幼儿之间的相互学习。

2. 指向“分享式”评价

分享式评价是以幼儿游学时的照片、绘画或者前书写的方式记录下自己的所见所闻所感，从而进行过程性的评价。可以是分享活动当天印象最深刻的事或者是最有趣好玩的事，也可以呈现自己发现问题、解决问题的实践历程，进而找到自己的学习及解决方式，提升对活动的认知。

3. 实现“联动式”评价

联动式评价是指家长参与活动后进行的记录与评价。可以通过发放问卷调查表的形式进行结果统计，分析了解孩子在游学项目中的兴趣与技能的掌握情况。还可以通过幼儿园公众号、班级群等线上平台，共同参与评论，分享游学活动的感悟。

总之，幼儿园项目式游学的设计和推进在不断地思考和优化。作为教师，要根据幼儿发展的年龄特点和实际情况，寻找与之匹配的社区资源，制定清晰明确的活动方案，有条不紊地为幼儿创造行走中的“活”课堂，让亲子游学从“走马观花”向“深度体验”不断转变！

参考文献

［1］陶行知：生活即教育（大教育书系）［M］. 武汉：长江文艺出版社，2021.

［2］中华人民共和国教育部制定：幼儿园教育指导纲要（试行）［M］. 南京：江苏教育出版社，2001.

［3］沈丽华：幼儿园课程开发中社区资源的整合［J］. 学前教育研究，2010（5）.

［4］陈鹤琴：活教育［M］. 南京：南京师范大学出版社，2017.

［5］中华人民共和国教育部制定：3—6岁儿童学习与发展指南［M］. 北京：首都师范大学出版社，2012.

（上接第87页）

个方面入手：

1. 整个单元的整合。根据每个单元的学习内容和学习目标，以及学生的学情，将整个单元知识点打通后再进行整合，形成新的教学课时，确立好每节课的教学目标，制定相应的教学任务，建立每节课背后的深层联系，强化学生对知识整体的认识。

2. 单元与单元的整合。根据各个单元知识与知识的联系，联系单元和单元的知识链，打破课本的授课顺序，将相关的知识放在一起进行比对，设计若干个新的单元或者课时，按照前文中同样的方法，探索知识内在的逻辑，将相关知识点关联起来，改变教学中零散无序的状况，让新旧知识彼此连接，构建自己的知识结构，提高学生的核心素养。[4]

参考文献

［1］王伟. 课堂深度学习的实践归因与提升策略［J］. 教学与管理（理论版），2019（21）：18—21.

［2］柳月凤. 如何培养学生的数学阅读能力［J］. 福建广播电视大学学报，2005（6）：45—46.

［3］王欣荣. 初中数学课堂教学中学生自主学习能力的培养［J］. 新课程导学，2015（32）：79.

［4］张国治，赵佳睿. 基于整体关联性的单元教学设计研究——以一道课本习题为例［J］. 中小学课堂教学研究，2020（6）：47.

‖ 学校文化 ‖

人心所向　为尊文化

——“以人为本”铸就学校文化构筑的策略浅析

周亚英

摘　要： 学校文化是学校发展的内在动力。现代学校文化是学校群体成员共同创造生成的体现时代特征的价值观念、思维方式、行为规范及其活动结果。作为凝聚和激励学校群体成员的重要精神力量，学校文化的生成必应遵循人文的感染力量。文章从物质、制度、精神三个方面渗透以人为本的理念，探索建立人心所向的学校文化。

关键词： 学校文化；人文底蕴；以人为本

“学校的势力不小。他能教坏的变好，也能教好的变坏。他能叫人做龙，也能叫人做蛇。”[1] 陶行知先生的话语中无不体现着学校对于塑造人类品性的巨大作用。学校是师生共同生活的处所，是社会生活的一部分。学校的物质、精神等多方面综合体现的文化作为一种潜在的教育力量，对教师、学生的健康成长有着至关重要的影响。学校有死的有活的，活的学校必须要有其能“行走”的文化底蕴。加强学校文化建设的目的是在学校范围内营造富有感染的自然环境、和谐的人际关系与陶染情感的人文素养。因此，笔者遵循先进理念，略谈学校文化建设的策略与方法。

一、设计创造，构筑“活”的静物文化

学校的文化建设应逐步递进地形成多层次阶梯式的金字塔结构，三者间相互作用：

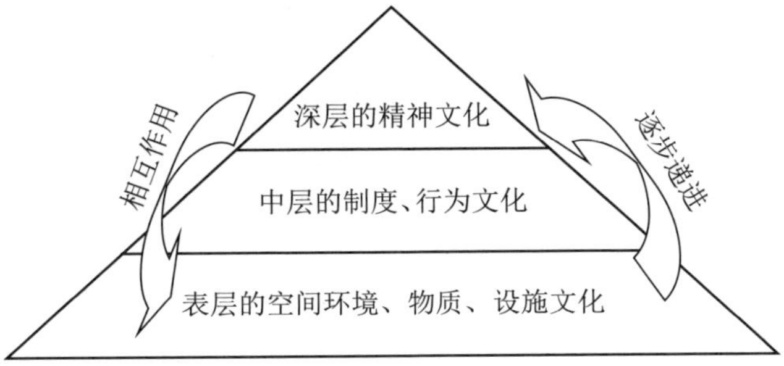

物质，作为学校存在的客观素材，是学校文化“核心”建设的基础。如若能很好地加以运用，其发挥感化力量的不容小觑。“我们是物质环境当中的人……我们应当秉着美术的精神，去运用科学发明的结果，来支配环境，使它们出现和谐的气象。”[2] 陶行知先生在“办学”的目标中引领我们要有欣赏性的改造。的确，怀有美术的精神，构筑一份优美、自然又有其蕴意的静物文化，能够为学校文化的逐步提升建立扎实的根基。

（一）依托历史底蕴，精设文化大环境

“一方水土养一方人”，地域的差别也造就了不同的历史文化。在历史发展的框架里谈文化，能使其纵深感中有更厚重的内涵。环境，从视觉的体验到心灵的点拨，触发那一抹想要领略学校文化的浓郁情感。

1. 精研静物文化总体设计

陶行知先生十分重视学校环境的教育作用，提出选择校址的标准：“一要雄壮，可以令人兴奋；二要美丽，可以令人欣赏；三要阔大，可以使人胸襟开拓，度量宽宏……”[3] 学校在创办伊始就应

作者简介： 周亚英，浙江省嘉兴市秀洲区油车港镇中心小学教科室主任，一级教师。

精心研究自身想要传达的情感，可根据当地的自然环境择址建校，一方面能让学校既融于环境，又能高于环境地表达感情。另一方面可深入体察历史洪流中逐步形成的地方特色，使其与学校特色相融并进，设计出区校合一的建筑群，令其每一个构造、每一片砖瓦都能散发出教育的作用。

2. 精造环境文化内在硬件

人设计、创造了物质环境，人又是物质文化的受用者，学校作为师生共同活动的场所，不管其自身是否意识到，都在人文环境中受到潜移默化的熏陶和感染。陶行知先生对所创办的晓庄师范各建筑物的命名也透露着灵动的教育意义。学校在对其环境的改造中增加渲染氛围的硬件，也应使人能身体力行地感知那一抹学校精髓。比如本校特色——书法，渗透“端端正正写字，堂堂正正做人”的思想理念。悬挂于走廊上的幅幅师生书法作品，当观赏者驻足欣赏时，仰头间那一抹“堂堂正正”赫然体现。环境的改造不仅有符合内涵的各种装饰、名称，也应使得硬件能不经意地发挥其震撼心灵的作用，真正使人进入“此时无声胜有声”的境界。

（二）赋予班级个性化，细创文化小空间

古语说：“蓬生麻中，不扶自直；白沙在涅，与之俱黑。”环境往往可以影响一个人的成长。班集体是孩子们成长的一个大家庭，是学生健康成长的一方沃土。在文化建设的大环境下，学校物质文化的设立必然走入班级，给予学生创造属于团体的班级小空间：师生共同商议确定班级总体规划；学生讨论决定班级各板块装饰；学生主导，教师辅助，创造个性化教室。

要使学校静物文化“活起来”，需从大型的建筑群体、园林景观，到中层的学校环境、硬件设施，再到小巧的班级环境，自上而下、由内而外地融合贯通，创造生机勃勃的学校物质文化。

二、以人为本，铸就“善”的规则文化

恩格斯曾在论述管理问题时说：“一切方法的背后，如果没有一种生机勃勃的精神，到头来不过是一堆笨拙的工具。”陶行知先生也强调，“学校不是道士观、和尚庙……”学校管理决不能依赖一种行政手段、一叠制度的运作设立，应使其生活于此的各群体之间在一个公认的秩序下协调、和谐共存。

（一）多样渠道，突破制度设立单一化

学校制度文化是维系学校正常秩序必不可少的保障机制。只有建立起完整的规章制度，才有可能建立起良好的校风，才能保证校园各方面工作和活动的开展与落实。然而，传统的规章制度均由学校领导层讨论决定，其他成员或有一种“被遵循”的压迫感。规章制度的生成应改变单一轴线的设立途径，把“部分权利”外放，促使“要我遵循”转变为“我要遵循”的新形式。

1. 家校共议，生成章程

家长，作为间接生存于学校体制下的群体，往往对学校的规章制度知之甚少，这也不免会对学校产生诸多误解。家长代表参与部分学校章程设定，一方面可以让学校了解家长个别诉求，另一方面也让家长理解学校要求。在在校领导、教师、家长的协商讨论中设立章程，能够保障学校朝着正确方向健康有序地发展。

2. 师生合作，细化约定

陶行知先生说道：“人格要互相感化，习惯要互相锻炼。人只晓得先生感化学生，锻炼学生，而不知学生彼此感化锻炼和感化锻炼先生力量之大。”[4]如若教师单一地呈现守则，定不能起到良好的感染力量。要让学生自主或共同学习规章制度，逐步讨论形成“我要遵循”的“班级公约”，定能更好地调动师生遵守约定的自觉性和他律性。

3. 家庭探讨，深化准则

“没有规矩，不成方圆。”学校的部分规定仍需要家庭的“鼎力相助”。在共议章程的同时，倡导家庭规章制度的个别深入。在商议公约的氛围中，激发与家长共约的意愿。家长与孩子对于学校个别规定的再深化，有利于逐渐形成和提高自觉遵守的意识。

（二）巧用文字，转变规则陈述生硬性

常言道：“良言一语暖三冬，恶语伤人六月寒。”语言像一朵温馨柔美的花儿，静静地开在心灵的空间，暗暗地吐露着芬芳。语言缺少了智慧，便如同大地少了阳光，多了些许暗色。制度的呈

现往往是“规定什么”的生硬文字，让规则下的成员难以接受。陶行知先生为晓庄学校图书馆命名为“书呆子莫来馆”，俏皮的语言让前来阅读的人们感知到“我不做书呆子式的阅读，而是要活学活用”。庄严的制度下也可衍生出各类能内化的文字，如温馨提醒师生“我该怎么做”的小手册、富有蓬勃朝气的班歌、室歌……语言的巧用，让制度破冰后充满温暖。

三、潜移默化，培育“真”的人文底蕴

“千教万教教人求真，千学万学学做真人。”真，是学校文化建设无限追求的目标。校园精神虽然看不见、摸不着，却能让人时时处处切实感受到它独特的感染力、凝聚力、震撼力。置身其中，便会自然而然地、不知不觉地感悟它对心灵的净化和情感的熏陶。

（一）活动引导，潜入内心

“我们要学校生活长得敏捷圆满，就得要把他放在光天化日之下。”[5]陶行知先生主张学校要给人看，应在太阳光底下滋长。活动是教育中的个性内容、体验内容和反思内容，能够为师生提供一个相对独立的空间，使其在亲身经历中内化精神文化。

1. 校园活动引领精神内涵

学校对人的发展具有主要的、导向性的作用。学校应整体规划校园活动，促使在每一个活动中普及、宣传校园精神，让师生在大环境下历经、感染。

2. 班级活动共树价值标准

班级活动是建设良好班集体最重要的内容和组成部分。依托学校大活动，设计班级活动小主题，在活动中师生共同成长、相互感染，生成自然和谐氛围。

3. 课外活动提升道德情操

课外活动的设立应在一定的主题下，可由校领导、教师、学生综合或各自研讨决定。在活动中让校园精神走入家庭、渲染社区，渐渐地滋生出一份自豪感。

（二）典型示范，传承精神韵味

陶行知先生把办学比如治水，要以导河的方法把精神宣导出去，使其能在有益人生的事上去活动。俗语说：“榜样的力量是无穷的。”在新的历史条件下，要运用好这个方法，还需要突破传统认识上的局限性，全面地理解和把握它。我们需要有一种能够打动人们的精神力量；需要有一种能根植于人类灵魂的道德力量；需要有一种乐于奉献、敢于担当、立志进取、永不过时的榜样力量，与时俱进地为社会发展和人类进步传递正能量。榜样可从校领导、教师、学生中选取，把他们的事迹汇编成册，通过多方渠道加以宣传，促使榜样生成榜样，人人传承学校精神。

（三）氛围陶冶，默契人文底蕴

“高尚的精神如同山间明月、江上清风一样，是取之不尽，用之无穷的。”校园文化氛围是一种无形的感化力量，以其潜在的形态使学校全体成员受到感染，体验到学校的整体精神追求，从而产生思想升华和自觉意愿。学校文化建设的最终目的就是营造这一种自然、和谐，却散发无限感染力的氛围，好如“春雨润物细无声”般为身心输送源源不断的养分，塑造长久、健康、发展的精神动力和精神支撑。

综上所述，学校文化的建设决不是靠单方面的包装就能完成的，绝不是为了生成而创造的。文化应当由其息息相关的人们共同研制、自然生成。为人所创，为人所尊，学校文化应在阳光下生存，在人心中共燃。

参考文献

[1][2][3] 陶行知. 陶行知文集[M]. 南京：江苏教育出版社，2008.
[4][5] 方明. 陶行知名篇精选（教师版）[M]. 北京：教育科学出版社，2011.

贯穿思政红线　推进非遗教育

曹雄威　张崇福

摘　要：思政工作，是中职学校落实立德树人根本任务的主渠道，也是推进高质量专业建设的基础。非遗教育专业是一个抢救性、特殊性的专业，以弘扬中华传统文化和培养非遗技艺传承人才为目标。推进非遗教育专业建设发展，要全程贯穿思政红线，形成全员全过程全方位思政教育体系，要以树立文化自信引领非遗专业建设，以弘扬工匠精神支撑非遗专业建设，以开拓创新精神驱动非遗专业建设，让非遗教育为提振民族文化自信、服务乡村振兴作出更大贡献。

关键词：非遗教育；文化自信；工匠精神

学校的非遗传承工作，起初以非遗知识宣传和非遗进校园为主要形式，随着非遗文化重要性的凸显，职业学校的非遗专业应运而生。非遗教育具有弘扬中华传统技艺和培养非遗技艺传承人的双重职责，在专业建设发展中会遇到诸多的困难和挫折。因此，非遗教育应站在树立文化自信的高度，充分重视思政工作，弘扬工匠精神，敢于开拓创新，推进非遗教育专业建设，服务乡村振兴。

一、树立文化自信，高站位开设非遗专业

加强文化遗产保护，振兴传统工艺，是构建中华优秀传统文化传承体系的重要手段。开展非遗传承宣传、着力非遗传承人培养是非遗文化遗产保护和传承的重要方法。建设非遗专业，首先要以文化自信为引领，高站位开展非遗教育专业建设。

（一）非遗传承的重要性和艰难处境

我国被列入联合国教科文组织非遗名录的非遗项目数量位居世界第一。非遗文化是中华民族弥足珍贵的文化资源，是中华民族的根与魂，更是中国文化软实力的内在支撑。保护和利用好非物质文化遗产有助于实现中国特色经济、文化可持续发展，对帮助各族人民广泛汲取民族精神养分有着无可代替的作用。保护非物质文化遗产，就是保护各族人民思想道德和科学文化的历史根基，是连接民族情感的纽带，也是增进民族团结、维护世界文化多样性和创造性、促进人类共同发展的前提。

但是，我国的非遗保护传承处境非常艰难。首先，“人亡艺绝、人死歌绝”的现象时有发生，传承人群青黄不接。其次，传承人社会认可度和社会地位不高，无法吸引年轻人群认同加盟，“子承父业”的传统模式无以为继，“工匠荒”及传承人断层严重。最后，许多非遗项目已经失去生存的原生土壤，维护及传承成本加大。

（二）非遗教育的特殊性和时代呼唤

“非遗教育”一词，目前在中文语境中已普遍使用，但用法较为随意，含义还较模糊，缺乏明确界定。联合国教科文组织在《公约》中指出：“通过正规和非正规教育来促使非遗传承是保护非遗的重要措施。”非遗教育在非遗保护与传承中的地位无可替代。北京师范大学文学院副院长杨利慧先生在《从“民俗教育”到“非遗教育”——中国非遗教育的本土实践之路》一文中认为，民俗教育与非遗教育之间存在着直接的连续性。但是，我国非遗传承最为脆弱的环节是传承人匮乏。非遗机构的设立、非遗刊物的创办、非遗进校园进社区的开展，尽管为非遗传承保护带来了蓬勃生气，但还是无法解决非遗保护传承的核心问题——人才。全国民族技艺职业教育行业指导委员会副主任委员于日锦先生提出，把非遗人才培养作为非遗教育的主要使命。2010 年 6 月，教育部在天津举办“全

作者简介：曹雄威，安徽省行知学校党总支书记、副校长（主持工作）；张崇福，安徽省行知学校高级讲师。

国首届职业院校学生技能作品展洽会”，于日锦时任安徽省行知学校校长，在向到现场视察的国家领导人汇报时，明确提出了“非遗教育”的概念，阐述了非遗教育进校园、进专业、进课堂的理念。该校早在2007年就成立了“歙县徽雕艺术学校”，用职业教育手段培养歙砚雕刻、徽州三雕、徽墨制作等国家级非遗项目的传承人。于先生在《光明日报》发表的《非遗教育，做鲜活的文化传承》一文，对非遗教育的特殊性做了精辟的阐述：“非遗教育的地域性、独特性、历史性、艺术性、抢救性等特征，决定了非遗教育有其独特教育规律，非遗教育应该是自成体系的教育，需要跨学科、跨部门、跨机构合作才能完成。培养非遗传承人，教育是主渠道，学校是主阵地。”[1] 所以，做好职业教育“非遗教育”板块，是时代赋予职业学校的光荣使命。

（三）文化自信是开设非遗专业的精神动力

文化自信是一个民族、一个国家以及一个政党对自身文化价值的充分肯定和积极践行，是对其文化的生命力持有的坚定信心。习近平总书记指出，文化自信是四个自信中最根本的。传统文化是一个民族发展的不竭动力，是文明的创造力所在，只有立足于优秀传统文化之根基，才能保证中华民族的成长枝繁叶茂。非物质文化遗产，是深融于中华民族血液中的文化印记，是中华传统文化的重要板块。非遗传承人才的培养是非遗文化传承的最关键节点，要克服非遗教育面临观念、资金、跨界等种种困难。只有高站位、远视野，勇于开设非遗教育专业，才能把做好非遗教育专业作为迈向第二个百年征程必为、必成的大事。只有站在服务文化自信的高度，把思政工作做在前面、做到各环节、做到最深处，让所有师生乃至相关职能部门和人员都对自己的文化有坚定信心，对非遗教育的意义充分认同，把它作为传统文化护根之举、铸魂之举，以培养非遗传承人才为使命，才能做到从容坚守，勇于进取，乐于应对，为让中国古老非遗文化“活起来”“火起来”并“传下去”“走出去”贡献力量。

二、弘扬工匠精神，高标准推进专业建设

在职业学校开设非遗教育专业，开展非遗知识传播、非遗价值研究、非遗项目挖掘固然重要，但专业建设的核心任务是为中国传统工艺培养高素质传承人。考核专业建设的关键指标是能否为濒危非遗项目“续香火”，使其后继有人，发扬光大。弘扬工匠精神是高标准推进专业建设的前提和基础，也是做优、做强、做精非遗教育专业的保证。

（一）工匠精神的内涵和时代意义

我国的工匠精神源远流长，代代相传。我国的伟大发明和生活中工匠的技艺承载着伟大的工匠精神，许多现代高科技成就也源于工匠精神。“庖丁解牛”，孔明的“木牛流马”，“刀锋上的舞者”王进、为火箭焊“心脏”的高凤林，都体现了普通工匠在职业生涯中敬业、创新和追求完美的良好品质。工匠精神也创造了熠熠生辉的华夏文明：万载存真的徽墨、纸寿千年的宣纸、百戏之祖的昆曲，无不是工匠精神的结晶。党的十九大报告指出，要建设知识型、技能型、创新型劳动者大军，弘扬劳模精神和工匠精神，营造劳动光荣的社会风尚和精益求精的敬业风气。工匠精神包括精益求精、持之以恒、爱岗敬业、守正创新等丰富内涵，是新时代劳模精神的重要载体。大力弘扬工匠精神，有利于建设创新型国家，也是建设质量强国和文化强国的需要。工匠精神是现代工业文明高度发展的精神成果，也是职业教育“立德树人”的特征和灵魂，是职业教育文化软实力的象征。

（二）工匠精神是传统工艺发展的动力之源

我国注重传统工艺，历史悠久。从谋生角度来看，“家有良田万顷，不如薄技在身”就是明证；从精神角度来看，民众普遍把优秀的传统工艺作品作为道德和审美意愿物化呈现的理想载体，这也是我国的地方文化特色丰富多彩的原因之一。“向往美好生活，努力赢来好日子”是各民族工艺品所表现的共同主题，如五谷丰登、五子登科、五福临门（葫芦或蝙蝠）、多子多福（葡萄）、和谐（荷、蟹）等，这些意象在陶瓷、木雕、髹漆、景泰蓝、刺绣等著名手工艺品上都有广泛的展示。

古人对从事民间工艺的人员有比较严格的要求，拜师收徒必须举行庄严的仪式，从选徒、拜师、传艺到出师，各行业都有一套规矩。其中，承诺在学艺过程中践行工匠精神是拜师的基本前提，也是学艺过程中必须严格遵循的。各行业的祖师爷都有比较尊崇的地位和深远的影响，木匠祖师爷鲁

班、造纸业祖师爷蔡伦、纺织业祖师尊黄道婆等，千百年来都受到各业艺人的推崇与膜拜。他们的敬业、求精、创新的品质，体现了中华民族的工匠文化和工匠精神。由此可见，在古代民众的意识里，民间传统工艺是提升物质生活水平的渠道，是优秀道德素养的衡器，是审美价值观的载体。

工匠精神是高超技术和道德情感的结合，技术层面表现为技能、技巧、工艺等，情感层面表现为信仰、意志、目标等。高品质的工艺品产生的过程，充满了工匠对美好生活的寄托和向往，蕴含着工匠的情感与品德。可以说，没有工匠精神，就没有民间传统工艺的绚烂和辉煌。工匠精神是传统工艺发展的动力之源。

（三）在专业建设中开展工匠精神教育

在非遗专业的建设过程中，一定要开展工匠精神专题教育，引导广大师生了解、学习非遗工匠文化，提高工匠精神在传统工艺发展中的作用的认知。在专业学习过程中，以精益求精、甘于奉献、开拓创新的职业精神，为创新人才和大国工匠打下坚实的思想基础，以求善、求精、求美的工匠精神，推进创新人才和大国工匠发展。

1. 在课程建设中注重工匠精神

思政课是非遗教育专业建设的重要课程，工匠精神是不可多得的思政教育素材。它展现了传统文化和新时代思政教育的巧妙融合，不仅可以让广大学生了解传统文化，还可以陶冶他们的道德情操，开创思政教学的新格局。思政人员要积极开展专题教育，为工匠精神教育提供优质的“土壤”。融入工匠精神相关的历史典故、工匠模范事迹，让学生切身感受到传承千年的工匠精神对现代社会发展的积极影响，从而激励学生学习和继承工匠精神。带领学生体验非遗文化，例如墨砚、木雕和陶瓷等艺术，让学生主动学习民间工匠身上精雕细琢和精益求精的精神，把工匠精神打造为思政课堂一道亮丽的风景线，提升思政教学质量，从而实现思政教育促进专业发展的目标。弘扬工匠精神，还可以激发师生开发非遗项目的教学资源，从而改变和优化“手传身教”的传统传承模式，提升传承人培养功效。

2. 在师资建设中渗透工匠精神

职业教育中的工匠文化是在教育教学和专业实训过程中养成的各种价值观念、创新意识、行为准则和工作态度的综合体。工匠文化是科学发展师资队伍建设的重要抓手之一，是职业院校服务社会、服务企业、服务学生的延伸。非遗教育是一个特殊的教育门类，肩负着为中华传统工艺培养德技兼修的薪火传人，在大力弘扬文化自信的新时代背景下，打造一支具有敬业乐业的操守、精益求精的品格、巧夺天工的技艺、一丝不苟的态度的师资队伍，尤显重要。在教育学生的过程中，只有教师队伍自觉接受工匠精神的熏陶和洗礼，主动践行工匠精神，才能做到率先垂范、榜样引领，为学生提供精心、精细、精准、精湛的指导和服务，为学生成长为热爱非遗专业、锐意奋发进取、技艺精益求精的传统技艺传承人创造良好的思想和环境。目前，我国的高等教育还不能为非遗教育提供合适的专业师资，技能培训师资主要来源于非遗传承人和行业协会，而各级别的能工巧匠和非遗传人正是当代工匠精神的集中体现者。所以，做强校企融合，做好引智（高层次非遗传承人）入校，让那些行业中久经淬炼和考验的工匠艺人在校园里示范、引领、辐射，是专业师资队伍建设中渗透工匠精神的重要一环。

3. 在实训大赛中培育工匠精神

中职学校的办学目标是培养“德技双修”的社会主义建设者，与普通教育最大的区别就是要注重学生技能培养。可以说，在保证学生品德质量的前提下，实训大赛才是最关键的环节。知识理论教学阶段对工匠精神的教育，多是“形而上”的，实训大赛环节重点是真做和实操，只有具备真本事、高技能，才能生产出高质量的产品，才有利于巩固专业价值观，实现专业的内心认可与肯定，进而升华为对职业的热爱。可见，工匠精神的培育是实现这一目标的原生动力。

首先，实训导师配备彰显工匠精神，除了倡导“学高为师，德高为范”，还要强调“技高为师”。只有打造具备工匠精神的实训师资，才能让学生在技能大赛中创佳绩，才有利于在非遗传承中扩品种、提品质、创品牌。其次，工匠精神贯穿实训大赛过程，以体现和检验高度专注、一丝不苟、严谨细致、精益求精、创新创造等工匠精神要素。技能大赛有多个层次，是一个层层选拔的过程，也是一个不断优胜劣汰的过程，只有具备一丝不苟和精益求精的精神，不畏强手、勇于创新，才能登上国家技能大赛乃至世界技能大赛的领奖台。

三、致力开拓创新，高质量服务乡村振兴

习近平总书记指出，“丢掉了思想文化这个灵魂，这个国家、这个民族是立不起来的”。乡村振兴也莫不如是。乡村要振兴，文化必先行。文化是乡村振兴的根基和灵魂，而非遗是文化中最基因、最精髓、最独特的元素。作为非遗教育，必须致力开拓创新，创造性转化、创新性发展，才能为乡村振兴营造非遗新环境、培育非遗新传人、开发非遗新产品，让非遗老树接新枝、开新花、结甜果，为乡村振兴百花园添彩增色。

（一）营造非遗新环境，做活乡村振兴。国弱民穷的年代，非遗的作用可能只是一种维持生计的方式；国强民富的今天，一些非遗项目正在失去赖以生存的环境，濒临衰落或消失。作为非遗教育，有责任利用职业学校人才和平台的优势，深度融入非遗新环境营造工作之中。通过将请进来与走出去相结合，把非遗大师请进校园，展示非遗技艺、解读非遗内涵、明确传承意义，让非遗教育专业的学子心中有目标、肩上有责任、手上有技能；把非遗爱好者请进来，让他们认识非遗文化、热爱非遗文化、投身非遗文化传承，在校园内形成良好的非遗教育氛围；把非遗宣展送出去，把非遗的宣传和展演送到社区、送到农村、送到学校，让人们可感、可知、可参与，真正地让非遗“活”起来，让人民群众尊重、欣赏非遗传承人的智慧和技艺，形成更加强烈的文化认同，真正实现非遗文化“飞入寻常百姓家”。

（二）培养非遗新传人，做特乡村振兴。乡村振兴，文化先行，人才是关键。只有通过非遗教育陶冶出真热爱的情、培养出乐传承的人，非遗文化才有擎旗人，乡村振兴才有厚根基，“乡愁”才有喷发的渠道、演绎的舞台。只有高境界、高技能的传承人，才能撑起一个个非遗项目，形成一个个非遗案例，打造出一条条文旅路线，赢来一处处特色文化乡村的春天，实现乡村振兴的“一乡一品”。

（三）开发非遗新产业，做强乡村振兴。一般的产业，只要投入到位，就处处可做、时时可做，并且做大做强有许多参照的模本。而非遗文化地域性极强，是各具特色、不可复制的。只有挖掘文化底蕴，因地制宜推动“非遗+旅游”“非遗+产业”“非遗+体育”“非遗+餐饮”等工作，利用学校信息技术优势，让非遗技艺与产品有更多的“触网”机会，做大平台、拓宽渠道，让非遗文化紧跟时代，融入生活，焕发生机，才能让产业活起来，把根脉留下来，让影响走出去。

四、结束语

总之，非遗教育是一门具有很强抢救性、特殊性的教育，在专业建设和人才培养过程中，必须强化思政工作，以树立文化自信为引领，以弘扬工匠精神为抓手，以开拓创新为着力点，以营造非遗新环境和培养非遗新传人为切入点，才能为弘扬非遗时代文化、展现非遗时代风采、推动非遗融入生活、振兴高质量服务乡村做出贡献。

参考文献

[1] 于日锦. 非遗教育，做鲜活的文化传承［N］. 光明日报，2017-8-24.

[2] 杨利慧. 从“民俗教育”到“非遗教育”——中国非遗教育的本土实践之路［J］. 民俗研究，2021（4）：47—58.

家风家训传承下新时代基层社会治理功能研究*

张锋兵　隋　玲　裴秀芳

摘　要： 作为国家治理的重要组成部分，基层社会治理的核心在于对人的服务和管理，是新时代推进国家治理体系和治理能力现代化的基础。文章通过系统阐述陶行知治家思想的内涵及要义，调研分析山西省11个地市城乡家风家训培育践行的现状，从政府引导、社区环境和家庭特征角度探究其影响因素，针对性提出家风家训传承下新时代基层社会治理的实践路径，推动形成维护新时代公序良俗、优化社会治理的又一重要基点。

关键词： 家风家训；传承培育；基层社会治理

在大力传承弘扬社会主义核心价值观的新时代，涵养好的家风、传承培育优秀家训，能够引导社会民众自觉履行法定义务、家庭责任和社会责任，也是加强和完善基层社会治理功能的有力抓手。习近平总书记曾多次强调，广大党员干部要重视家庭建设，注重家庭、注重家教、注重家风，将千千万万个家庭培育成国家发展、民族进步、社会和谐的重要基点。[1] 作为社会有机体的重要构成要素，家庭无形中承载着社会规范、道德教育、文化传承、情感慰藉等基本功能，弘扬和传承优秀家风家训，积极发挥良好家风在滋养家庭成员精神世界、维系社会秩序和增强国家凝聚力方面的重要作用，能够对家庭个体成员的健康成长形成直接、持久、潜移默化的影响，引领社会风气，汇聚社会正能量，彰显社会文明进步。

本文通过系统分析陶行知治家思想和裴氏家风的传承践行模式和时代价值，诠释传统优秀家风的重要作用，以及与新时代家风建设、基层治理的内在关联。同时，调研分析山西省11个地市城乡家风家训培育践行现状和未来走向，以问卷调查获取的数据资料与个案访谈资料为依据，得出农村家风的现实状况和影响因素；以新时代家风家训精神内涵、传承形式、传承践行环境要素为借鉴，从政府引导、社区环境和家庭特征探究其影响因素，探索家风家训传承下新时代基层社会治理的实践路径，以期进一步优化新时代家风传承建设，提升基层社会治理的水平和功能发挥，为优化家风培育和完善基层社会治理功能提供理论指引和路径参考。

一、传统优秀家风家训内涵价值及时代意义

自古以来，中国传统社会中家庭教育与道德教化相辅相成。历经历史岁月的洗礼和积淀，在伦理秩序、道德追求、教化原则等方面形成鲜明的家庭伦理思想文化体系。中华民族优秀的家风文化大都自觉同国家发展、民族进步、社会和谐相关联，多涵盖清廉质朴、善良守信、进取有为的优良品质。不仅为新时代推进家风建设创设良好环境，还为持续净化社会风气、助推基础社会治理提供了精神指导和方法借鉴。

生根在山西省闻喜县礼元镇裴柏村的裴氏家族，在社会历史变迁、大家族模式解构的时代背景下，其家风不仅对后世子孙的成长发展形成了深刻久远的影响，还为新时代创新家风建设提供了新

* 本文系2021年度山西省哲学社会科学规划课题“裴氏家风家训与新时代基层社会治理功能研究”（课题编号：2021YY215）的研究成果。

作者简介： 张锋兵，山西应用科技学院教学质量监控与评估处质量监测科科长、讲师；隋玲，山西应用科技学院学生工作部；裴秀芳，山西省应用型高等学校联盟特邀研究员。

方向、新思路，对培育和践行社会主义核心价值观发挥着重要作用。充分汲取裴氏家风丰富的育人元素、时代价值，还有助于社会文明风尚的形成，成为助推基层社会治理、净化党风政风建设的有效遵循。

学界关于裴氏家风的相关研究，多集中于历史发展传承路径及当代价值两大主要方面。基于裴氏家风时代内涵及育人价值的挖掘运用，本研究仅侧重于裴氏家风价值理念及育人元素的挖掘和分析。万俊人曾在以“齐家治国　传承致远”为主题的“从裴氏家族看家风家训的当代社会价值”座谈会上指出，裴氏家族显隐结合的自我管理方式是国家治理方式的缩影，[2]我们理应站在新时代的高度统筹全面分析裴氏家风家训文化，尤其是传承和践行社会主义价值观、助力建设乡村文明的新风尚中，将裴氏家风家训文化有机融入，充分厘清两者在资源关联、价值关联、实践关联等方面的文化滋养机制。裴氏家风家训的文化精髓其实主要以《河东裴氏家训》和《河东裴氏家戒》为遵循，既有正面的引导，也有负面的劝诫，一正一负，泾渭分明，成为历代裴氏族人为人处世、为官从政、修身齐家的基本原则和道德指南。其实，早在魏晋时期，裴氏家族就已基本形成以重教守训、崇文尚武、德业并举、廉洁自律为核心的裴氏家风，后因永嘉之乱裴氏迁播流离，各支分途，其家风的具体内容也随之发生变化。[3]但总体来看，裴氏家风基本秉持儒学修齐治平的基本价值理念，传承孝老爱亲、男女平等、夫妻和睦、勤俭持家的家庭美德，注重家庭教育和个人品德的养成，蕴含朴素的人生哲学和为官之道。

新时代推进基层社会治理方式不断创新，离不开对以陶行知治家思想、裴氏家风家训为代表的优秀家风家训文化的研究和传承。纵观传统基层治理，多采取简单重复、管理命令的方式，长此以往容易忽视了治理者与被治理者之间的情感基础，激发二者之间的矛盾。家庭作为社会最基本的单位，不仅是社会成员情感发展和价值观形成的场所，更是他们情感维系的纽带。因此，社会治理重在基层。新时代加强社区治理体系建设，要不遗余力地推动社会治理重心向基层下移。

从家庭这一基本单位出发，通过形成正确的价值认同进行社会治理，不仅可以创新基层社会治理方式，更能促进社会治理善治目标的实现。反观陶行知及裴氏家族，其家族管理方式便是社会治理方式的浓缩。从小家庭入手，借用具有统一价值取向的裴氏家风，在大家族内树立统一的道德高线和行为底线，这种以小见大、显隐结合、情法相济的自我管理方式折射出成熟家族治理文化，也可以说是一种准政治伦理文化。从这个角度而言，充分挖掘陶行知先生的治家思想内涵及裴氏家风为代表的优秀家风文化内涵，借鉴运用家风建设之于社会主义核心价值观的优势作用，对于持续优化和创新社会治理方式具有重要意义。

二、新时代家风培育建设现状调查与分析

（一）研究对象

本研究选取山西省 11 个地市代表性城市社区和农村村委会，通过自制家风家训问卷进行调查，在 5 个月时间里，先后收回城市社区有效问卷 1798 份，农村有效问卷 1034 份，共计 2832 份，数据覆盖山西省各地市。按照既定调查访谈提纲，以调研点的实际情况为基础，系统展开对社会主义核心价值观引领下的裴氏家风家训培育的调查分析和研究。

（二）研究结果与分析

1. 个体意识开始觉醒，道德修养不断提升

问卷针对个人品德维度设置了专门测量指标，以总体了解民众自身道德修养水平。调查发现，无论是城镇居民，还是乡村民众，随着基层社会治理方式的改进和优化，不同区域的民众在自主空间和个体意识方面有着更大的自主性和自觉性，逐渐呈现出以集体为中心的整体性社会转向强调个人自由权利的个体性社会。与此同时，民众的个人属性也发生了转变，由具有组织性的单位人向具有社会意识的个体人过渡。随着经济社会的快速发展，个体更加关注自身的全面、整体发展，其道德意识和品质修养由此得到明显提升。

表1 个人品德的描述分析

要素指标	农村		城镇	
	N	MD ± S	N	MD ± S
立身谨厚	1034	3.35 ± 0.76	1798	3.31 ± 0.71
淳厚戚朋	1034	3.69 ± 1.20	1798	3.66 ± 1.19
谨言慎行	1034	3.99 ± 1.43	1798	3.93 ± 1.45

2. 家庭美德成效明显，邻里交往略显淡漠

通过对家庭美德维度进行测量，了解到家庭美德建设的基本现状。调查发现，家庭美德现状呈现出鲜明的特征：对待内美德、两性道德、俭德高度认同，尤其是传统家庭美德中的“勤俭节约”在民众生活中得到了自觉践行。当前，城乡二元经济结构发生明显变化，不同群体居民物质生活条件得到极大改善，虽然社会生产力水平日益提升，人们的物质需求和精神滋养得到空前满足，但在城乡长期生活的个人依然秉持着勤俭持家的优良品德。究其原因，多数民众依然坚守固有的旧观念，坚持以身作则、以身示范，通过自身的实际行动和良好的生活习惯，切实影响和教育自己的子女传承践行中华民族勤俭持家、艰苦朴素的优良传统美德。然而，反观邻里之间的人际交往，却不同程度因所谓的现实和利益所限，出现不同程度的淡漠、隔阂等裂变，需要在弘扬和践行社会主义核心价值观活动及创新基层社会治理过程中重点关注。

表2 家庭美德的描述分析

要素指标	农村		城镇	
	N	MD ± S	N	MD ± S
孝顺父母	1034	3.48 ± 0.82	1798	3.44 ± 0.77
友爱兄弟	1034	3.37 ± 0.69	1798	3.34 ± 0.70
居家勤俭	1034	3.52 ± 0.91	1798	3.47 ± 0.88
严教子孙	1034	3.48 ± 0.79	1798	3.43 ± 0.76
读书明德	1034	3.31 ± 0.62	1798	3.25 ± 0.60

3. 社会公序良俗整体尚好，个体私德陋习同样兼存

此次问卷也设置了社会公德维度测量指标，从中发现公民的职业意识和社会公德意识较强，有良好的职业素养和公民道德素养。人们在日常公共生活中遵循的社会公德规范，自然成为乡风文明建设中培育现代公民基本道德素养的重要遵循。由于深受传统伦理及乡风民俗的长期影响，城乡二元社会依然存在着过去传统社会留下的差序格局。

由此，民众多习惯以自我为中心，不自觉地抵抗或排挤外来文化及观念，久而久之形成了个体固步自封的小圈子文化心态。比如，我们最习以为常的助人为乐、礼貌待人，多见于熟人之间；而过于熟的人际交往环境，又会滋生传统的“人情面子”。个体私德在生活社交中明显出现了“选择性”现象，尤其对于陌生人则表现出一种淡漠感，对处于困苦中的人置若罔闻、视而不见，一些学者将此归结为民众社会公德意识的内在化、狭窄化的表现。

表3 社会公德的描述分析

要素指标	农村		城镇	
	N	MD ± S	N	MD ± S
敦睦邻里	1034	3.35 ± 0.63	1798	3.33 ± 0.61
遵纪守法	1034	3.32 ± 0.62	1798	3.28 ± 0.58
人人平等	1034	3.12 ± 1.47	1798	2.06 ± 1.46
爱岗敬业	1034	3.65 ± 0.92	1798	2.57 ± 0.86

4. 有着高度的家国情怀，家族情结更甚于家园情结

此次调查发现，城乡民众之于家国情怀有着高度一致的认同，主要体现在“热爱祖国、大公无私、集体主义”。从相关指标的高均值可以看出，新时代民众具有勇于担当、甘于奉献的优良品质。而对比分析略小于此的家园情结，多数民众又表现出高于此的集体情感，即当其与家庭、家族利益发生冲突时，他们更倾向于维护家庭（族）的利益，家族情感更加深厚。可见，受社会生产力及道德品质修养的制约，城乡民众还未完全意识到国家的繁荣兴盛与家乡的发展振兴息息相关，对于“小我”与“大我”的认识和判断一定程度上还存在困顿，缺乏家国、家园的大胸怀、大格局。

表 4　家国情怀的描述分析

要素指标	农村		城镇	
	N	MD ± S	N	MD ± S
爱国尽责	1034	3.43 ± 0.74	1798	3.40 ± 0.71
集体大义	1034	3.48 ± 0.86	1798	3.39 ± 0.76

（三）家风培育影响因素调研分析

1. 政府制度建设良好，投入资源较少，整体风貌有待提升

调研统计分析发现，有关部门宣传家风理念常态化、制定家风建设相关制度及良好家风的规范执行度均值较高，说明家风的构建与宣传工作得到了政府部门的重视。但是，政府对于相关活动的重视度较低，没有有效组织文明家庭评选活动，构建文明家庭。政府只是一味通过制度建设、宣传弘扬来进行家风建设，但是没有进行活动的组织和体验，导致家风建设仅仅浮于制度层面，未能真正深入落实至城乡的家风培育中。

表 5　政府引导的描述分析

要素指标	农村		城镇	
	N	MD ± S	N	MD ± S
有关部门宣传家风理念常态化	1034	3.25 ± 1.54	1798	3.29 ± 1.57
制定家风建设相关制度并落实	1034	3.46 ± 1.47	1798	3.46 ± 1.51
良好家风纳入规范，执行度较好	1034	3.38 ± 1.49	1798	3.39 ± 1.50
政府对文化发展投入大量资源	1034	1.67 ± 0.93	1798	1.71 ± 0.96
政府经常组织文化下乡	1034	1.61 ± 0.84	1798	1.60 ± 0.85
政府定期开展“星级文明户”活动	1034	1.50 ± 0.74	1798	1.52 ± 0.78

2. 村社人文环境优化，浸润性还需深入人心

良好的村社人文环境是推动家风培育的根本前提和精神动力。调研发现，村社设施完善，均设有文化活动中心，张贴悬挂优秀家风家训，村社居民人际关系良好，村社建设趋向完善，生活环境且村内文化素养较好。能通过一定的载体让公民在互动交流中增进村社情感和文化认同，从而不断深化民众的价值理念和行为。但是，要作为文化空间的存在，还需作出多方面的努力。

因此，村社的文化设施、人文素养、风俗习气等“软约束”因素对家风培育的影响不容忽视。家风培育的实质是培养品质高、修养好的公民，在日常生活与人际交往中展现良好的素养、做出符合规范的行为。人们的行为决定于观念，而观念深受周围人文氛围的浸润，受村社良好人文环境的影响，公民自然形成了淳朴的乡土观念和向上向善的价值理念。可见，人文环境仍需进一步优化，文化氛围的影响性、浸润性需更加深入民心。

表 6 村社环境的描述分析

要素指标	农村		城镇	
	N	MD ± S	N	MD ± S
村社各项基础设施完善	1034	1.65 ± 0.90	1798	1.59 ± 0.87
村社会张贴、悬挂优秀家风家训	1034	1.65 ± 0.88	1798	1.61 ± 0.85
村社无封建迷信、赌博等不良现象	1034	1.81 ± 1.11	1798	1.73 ± 1.02
村里会开展各项文化活动	1034	1.61 ± 0.87	1798	1.65 ± 0.87
村社里素质良好，对人和善有礼	1034	1.65 ± 0.87	1798	1.59 ± 0.86
干部做事公正，起模范带头作用	1034	1.74 ± 1.00	1798	1.64 ± 0.90
干部家庭建设意见大家会听从	1034	2.29 ± 1.39	1798	2.18 ± 1.32

3. 家庭结构变迁，代际关系和谐化

调研发现，随着当前社会经济的改革发展，传统多代同堂家庭与核心家庭模式渐趋消解，公民家庭发生了转型。家庭结构趋于小型化、独立化，且更具弹性，家庭关系与家庭生活呈现出残缺状和碎片化，而幼童成为子代与父代日常交流的桥梁，能很好地促使代际关系更加和谐。这些细微的变化，都成为新时代家风培育的新型土壤和时代元素。

表 7 家庭特征的描述分析

要素指标	农村		城镇	
	N	MD ± S	N	MD ± S
您的家庭压力很大	1034	3.03 ± 1.54	1798	2.90 ± 1.53
您有自己的家庭，未与父母同住	1034	2.79 ± 1.53	1798	2.95 ± 1.60
您的家庭关系和谐，感情深厚	1034	1.26 ± 0.53	1798	1.54 ± 0.54
因为工作求学等家人很少在一起	1034	1.69 ± 1.02	1798	1.65 ± 0.90
家里人会积极交流，学习新文化	1034	2.00 ± 1.18	1798	2.02 ± 1.16

4. 新时代家风培育的影响因素诸因子相关性分析

通过调研发现，家风培育与政府引导、社区环境、家庭特征三个影响因子之间具有明显的相关性。可见，当下家风培育建设的基本现状是诸多影响因子共同发挥作用的结果。

首先要注重顶层设计的引导，自上而下、整体推进。在实践中推进家风培育，必须由乡镇党委及政府统筹领导、协调各方力量，在乡镇政府及村庄基层组织的宣传与引导下，充分调动一切积极因素为家风培育指明方向，并结合实际情况为家风培育提出科学合理、喜闻乐见的方法和路径。

其次，家风培育是在一定的社会群体和社会关系中实现的。中国传统乡土文化以家庭为核心，血缘亲情是联结家庭成员的重要纽带，通过家庭教育对人进行约束，以此维系村庄秩序。村庄的人际关系也是以家庭为核心，向外扩展公民在日常生活的密切交往和相互影响下，在村委干部的模范带头作用下，使得道德修养提升、形成崇德向善的价值观念成为可能，从而培育出良好家风。

再次，家庭特征对家风培育起决定性功用。徐勇提出，“家户”是中国的根基，不论是传统时期、集体主义时期，或是当代社会，家户制都是国家治理的基础制度。对于家风培育现状，家庭因素是其内因，是家风培育的重要支撑。同时，家庭关系是否和谐也会影响一个家庭风气的好坏。

表 8 影响家风建设的因素相关性分析

	要素指标	政府引导	村社环境	家庭特征
家风建设	Pearson 相关性	0.436**	0.475**	0.562**
	显著性（双侧）	0.000	0.000	0.000

三、新时代基层社会治理路径研究

（一）汲取优秀家风新价值，建构基层社会治理新理念

家风具有价值引领性，良好的家风是培育良好社会风气的关键。宣讲是弘扬家风的重要方式和手段，是沟通家庭的主要桥梁和纽带。陶行知治家思想及裴氏家风的丰富内涵和社会价值，不仅体现在家风育人上，更体现在家风反哺社会上。因此，引导加强新时代家风建设，理应借鉴陶行知治家思想及裴氏家风传承践行范式，注重适应性、吸纳性、个体性以及榜样性特点，遵从发展规律，积极建构推陈出新、求同存异、以文化人的新理念。

（二）挖掘家风传承践行新蕴涵，探索形成社会治理新机制

裴氏家风虽为裴氏家族文化的具现，但其与时俱进的品质、容纳广阔的内容，使裴氏家风至今仍能与新时代中国精神相契合，仍能为新时代家风内容的重塑注入新鲜血液，为加强和完善基层社会治理进一步丰富时代内涵和表现形式。以乡村家风文化和村民自治文化培育为例，乡村家风文化建设是一项长期性、系统性工程，只有将村规民约与家风家训相结合，将以德治理融入文明公约、村规民约、家规家训，才能实现乡村自治、法治、德治共同发挥作用，进而形成固本谋远的长效治理机制。

由此可见，通过倡导新时代家风家训培育建设，引导广大民众自觉践行社会主义核心价值观，不断增强“四个自信”，能够全面提升城乡居民的文化素养和道德水准，更好促进基层社会治理实现德治、法治、自治相结合，进而不断深化和创新新时代基层社会治理新功能、新模式。

（三）拓展家风培育传承新载体，厚植基层社会治理基础

弘扬和传承优秀家风家训，不仅要充分分析挖掘其时代内涵，更要不断培育和拓宽实践推行载体。裴氏家风正是通过家训、家戒、宗祠、碑刻等物质文化载体，以及传统的祭祖、修谱等家族文化活动载体，得以绵延传承。新时代的裴氏后人，更是不断拓宽裴氏家族的凝聚力和影响力，充分借助信息技术的传播优势，进一步创新发展家风传承的虚拟文化载体。基于此，我们要把家风家训文化培育建设与弘扬践行社会主义核心价值观有机结合，不断激发社会民众的家国情怀。通过发挥优秀思想文化阵地作用，在落细落小落实上奠定家风文化建设的厚德基础，更好发挥家风家训文化的教育功能；通过实施“人立言、家立训、村立约”乡村治理模式，引导村民崇德向善、移风易俗，转变成为村庄整洁、民风淳朴的文明村组，以此不断厚植基层社会治理的文化基础和群众基础。

（四）营造家风培育建设新氛围，形成基层社会治理新合力

社会治理，本质是一种以人为本的治理方式，其核心在于对人的服务和管理，其特点是直接面对群众、事务琐碎复杂、任务艰巨繁重，是社会治理的基础和重心。可见，加强和完善基层社会治理工作，关键要践行以人为本理念，而家风文化的传承和培养无疑成为天然的纽带。裴氏家风的传承发展，正是得益于良好的人居环境、严格的法治氛围以及浓厚的道德氛围。由此，新时代家风建设也应从这三个方面着手，营造新时代家风建设新氛围。考虑到当今社会大家族聚居模式的改变，传统社会大家族内部营造家风孕育失去天然环境，而新时代社会各要素联系日益紧密，因此，新时代应充分调动家庭、学校、社会、政府等多方积极性、主动性，引导多方聚焦共同目标，形成强大的基层社会治理合力，有效代替传统社会中大家族的管束功能，探索形成新时代文明和谐、功能完备的基层社会治理体系。

参考文献

［1］冯颜利．推动新时代家庭家教家风建设高质量发展［N］．光明日报，2021-12-7．

［2］邹箐，蒋波．“从裴氏家族看家风家训的当代社会价值”座谈会在京举行［EB/OL］．（2018-12-26）http：//culture．people．com．cn/nl/2017/0422/c87423-29229288．html．

［3］郝小新．基于裴氏家风的新时代家风建设研究［D］．山西财经大学，2019．

图书在版编目(CIP)数据

陶行知学刊．第一辑／陶侃主编．—上海：中西书局，2023.10

ISBN 978-7-5475-2150-2

Ⅰ．①陶…　Ⅱ．①陶…　Ⅲ．①陶行知(1891-1946)-教育思想-研究　Ⅳ．①G40-092.6

中国国家版本馆 CIP 数据核字(2023)第 143321 号

陶行知学刊(第一辑)

陶　侃　主编

责任编辑　姜　慧
装帧设计　杨钟玮
责任印制　朱人杰

出版发行　上海世纪出版集团
中西書局(www.zxpress.com.cn)
地　　址　上海市闵行区号景路 159 弄 B 座(邮编：201101)
印　　刷　上海商务联西印刷有限公司
开　　本　889 毫米×1194 毫米　1/16
印　　张　7
字　　数　216 700
版　　次　2023 年 9 月第 1 版　2023 年 9 月第 1 次印刷
书　　号　ISBN 978-7-5475-2150-2/G·739
定　　价　50.00 元